Gabriele Rescher

Aldidente Einmachen

Rezepte, Tipps und Geschenkideen

Eichborn.

Die Deutsche Bibliothek – CIP-Einheitsaufnahme

Rescher, Gabriele:
Aldidente Eingemachtes / Gabriele Rescher.
Frankfurt am Main : Eichborn, 2002
ISBN 3-8218-3758-6

Lektorat: Oliver Thomas Domzalski
Redaktion: Dorothee Wahl
Umschlagillustration: Uschi Heusel
Satz und Layout: Klaus Schneider
Druck und Bindung: WS Bookwell, Finnland
ISBN 3-8218-3758-6

Verlagsverzeichnis schickt gern:
Eichborn Verlag, Kaiserstr. 66,
D – 60329 Frankfurt am Main
www.eichborn.de

Inhaltsverzeichnis

Pikant eingelegtes Gemüse und Obst

Chutneys, Relishes, Mixpickles

Essig mit besonderem Aroma

Aromatisierte Öle

Eingelegter Käse

Früchte, in Alkohol eingelegt

Liköre

Vorwort

Zu Zeiten meiner Großeltern stand noch die Vorratshaltung von eingelegtem Obst und Gemüse im Vordergrund. Kaum ein Lebensmittel wurde nicht mit Salz oder Zucker haltbar gemacht, getrocknet, in Essig oder Alkohol eingelegt, zu Obstsäften verarbeitet oder gedörrt. Im Winter waren diese Delikatessen dann die einzige Möglichkeit, das karge Nahrungsmittelangebot mit Selbstgemachtem aufzubessern. Wer erinnert sich nicht gerne an den Duft einer Speisekammer aus Großmutters Zeiten, an den Geschmack der sauer eingelegten Gurken, der pikanten Sülzen und leckeren Marmeladen, die mit großer Mühe und Arbeitsaufwand, aber auch mit viel Liebe und Freude am Selbstgemachten gleich Gläserweise eingeweckt wurden. Fein säuberlich geordnet standen Gläser mit Säften, Marmeladen, Gemüse und Obst in den Regalen. An der Decke hingen geräucherte Würste und getrocknete Kräuter.

Heute ist das häusliche Konservieren keine Notwendigkeit mehr: Wir können das ganze Jahr über frische Nahrungsmittel kaufen oder auf jede nur erdenkliche, industriell hergestellte Konserve zurückgreifen. Zudem gibt es in fast jedem Haushalt einen Gefrierschrank. Und dennoch entdecken immer mehr Menschen aus Freude am kreativen und vielfältigen Kochen das Einlegen und Einmachen neu. Das Einmachen hat wieder Hochkonjunktur: 250 Millionen Gläser Marmelade werden in deutschen Haushalten eingekocht, genausoviel wie die Industrie jährlich produziert.

Die Arbeitsweise und der Arbeitsaufwand müssen sich in unserer hektischen Zeit jedoch in Grenzen halten. Die ansprechende Alternative zum herkömmlichen aufwendigen Einwecken mit speziellen Einkochtöpfen, Federklammern, Weckringen usw. sind die Twist-Off-Gläser, im weiteren Text »Schraubgläser« genannt. Schlaue Hausfrauen sammeln das ganze Jahr über leere Schraubgläser, damit sie für die Herstel-

lung ihrer eigenen Kreationen bestens gerüstet sind.
Ein wichtiger Grund, heute wieder selbst zu konservieren, liegt in dem bewußten Umgang mit unserer Gesundheit. Immer mehr Menschen reagieren allergisch auf Konservierungsmittel, Farbstoffe und Geschmacksverstärker in Konserven. Wer von uns versteht noch die Liste der Zusatzstoffe auf einem industriell gefertigten Produkt und kann unterscheiden, was gesund oder schädlich ist? Konservieren wir aber selbst, wissen wir, was in unserer Marmelade oder in unserem Chutney enthalten ist.
Auch der finanzielle Aspekt darf nicht vergessen werden. Wer einen eigenen Garten hat oder in der Saison günstig Obst und Gemüse einkauft, wird feststellen, daß die Haushaltskasse durch das einfache und preisgünstige Einlegen oder Einmachen entlastet werden kann.
An erster Stelle sollte aber die Freude und die Möglichkeit stehen, eigene Ideen durch die Vielfalt der Konservierungsmöglichkeiten zu entwickeln.
So sind beispielsweise selbst eingelegte Würzsoßen, Mixpickles, Relishes oder Chutneys eine wahre Gaumenfreude und ideale Ergänzung für die nächste Grillparty.

Was wäre auch die feine Küche ohne Essig und Öl? Sie geben den Speisen oft den letzten Pfiff und erhöhen ihren Eigengeschmack. Wenn Sie aromatisierten Essig oder Öl im Feinkostladen erwerben wollen, müssen Sie mit hohen Preisen rechnen. Selbst eingelegt kosten diese Zusätze jedoch nur einen Bruchteil. Viele Hobbyköche schwören zudem auf ihr Geheimrezept. Experimentieren Sie einfach selbst nach Herzenslust und kreieren Sie Ihre eigene Geschmacksnote.
Und wer freut sich nicht, wenn auf dem Frühstückstisch verschiedene Sorten lekker eingemachter Marmelade stehen? Eine mit frischen Beeren zubereitete Marmelade kann in ihrem Geschmack kaum übertroffen werden.

Hübsch dekoriert mit Etiketten, kleinen Stofftüchern oder Servietten, die mit Bändern oder Bast umbunden werden, sind die selbst eingelegten und eingemachten Köstlichkeiten auch ein originelles Geschenk für Freunde und eine Zierde für das Küchenregal.

Schraubgläser (Twist-Off-Gläser)

Praktische Helfer beim Einmachen sind Schraubgläser mit einem Schraubverschluß aus Metall. Wichtig ist, daß die Deckel dicht schließen. Die Gläser können unterschiedliche Größen haben und auch gebraucht sein. Um alte Etiketten abzulösen, weichen Sie die Gläser eine Viertelstunde in Wasser ein, danach lösen diese sich ganz leicht ab. Anschließend müssen die Gläser natürlich sorgfältig gespült werden. Zum Abtrocknen stellen Sie die Gläser einfach kopfüber auf ein sauberes Leinentuch. Alle Deckel und Gläser müssen gründlich auf Beschädigungen und Absplitterungen kontrolliert werden. Vor dem Abfüllen werden die Gläser und Deckel nochmals kurz mit kochend heißem Wasser ausgespült.
Auch beim Einfüllen müssen die Gläser auf ein feuchtwarmes Tuch gestellt werden. Das Tuch soll verhindern, daß ein Glas durch die Hitzeeinwirkung springt. Für Gläser mit breiter Öffnung gibt es Spezialtrichter zum Abfüllen der Masse, für kleine Gläschen verwenden Sie am besten eine Schöpfkelle mit Schnabel.
Beim Einfüllen in die Gläser muß darauf geachtet werden, daß der Glasrand sauber bleibt, weil sonst die Deckel eventuell nicht mehr optimal schließen und das Eingemachte zu schimmeln anfängt.
Füllen Sie die Gläser bis zum Rand voll, denn halb gefüllte Gläser enthalten zuviel Luft, was wiederum dem Aroma der Früchte nicht bekommt.
Das gefüllte Glas schrauben Sie sofort zu und stellen es auf den Kopf, so kann die kochend heiße Füllmenge auch noch den Deckel von innen keimfrei machen. Nach

einigen Minuten werden die Gläser wieder umgedreht.
Die Gläser sollten kühl und dunkel lagern. So sind sie etwa zwei Jahre haltbar. Licht zerstört teilweise die natürlichen Farbstoffe der Früchte, und sie sehen dann nicht mehr appetitlich aus.

Geöffnete Gläser werden immer im Kühlschrank aufbewahrt.

Konservierungsverfahren

- Hitze (Einwecken, Einmachen, Einkochen)
- Kälte (Einfrieren)
- Trocknen
- Natürliche Konservierungsmittel (Einlegen in Öl, Salz, Zucker, Alkohol oder Essig.) Diese Varianten sind auch untereinander kombinierbar.

Die vorliegenden Rezepte beschränken sich auf die Konservierung durch Hitze und das Einmachen und Einlegen mit Hilfe natürlicher Konservierungsmittel. Sie bieten den größten Raum für spezielle und eigene Kreationen.

Arbeitsgeräte zum Einlegen und Einmachen

- Verschiedene Töpfe, möglichst aus Edelstahl
- Schraubgläser mit Schraubdeckel (verschiedene Größen)
- Flaschen für Öl und Essig mit Korken oder Schraubverschluß
- Schaumlöffel, Kochlöffel, Schöpfkellen
- Feines Sieb zum Durchseihen
- Einfülltrichter
- Stabmixer
- Leinentüchlein für Gewürzsäckchen
- Etiketten zum Beschriften
- Küchenwaage
- Einmachetiketten

10 Goldene Einlegetips

1. Sauberkeit beim Einlegen ist oberstes Gebot. Sie muß sowohl beim Verarbeiten von Obst und Gemüse als auch bei den Arbeitsmitteln beachtet werden.
2. Nur makelloses und ungespritztes Obst und Gemüse verwenden. Faulige und angestoßene Stellen müssen gründlich entfernt werden.
3. Zum Einkochen mit Essig dürfen keine Metallgefäße wie Aluminium- oder Messingtöpfe benutzt werden, da die Essigsäure das Metall angreift und es zu Gesundheitsschädigungen kommen kann.
4. Nach dem Einfüllen von Obst und Ge müse die Gläser vorsichtig auf einem Tuch aufschlagen, damit sich die Füllmenge gleichmäßig setzen kann.
5. Immer die im Rezept angegebenen Essigmengen verwenden, damit das Eingelegte auch wirklich haltbar bleibt.
6. Zum Einlegen in Öl nur hochwertige, kaltgepreßte Öle verwenden.
7. Alle Zutaten müssen immer mit Öl bedeckt gehalten werden. Im Notfall kann man etwas Öl nachgießen.
8. Alle in Öl eingelegten Zutaten müssen kühl und dunkel aufbewahrt werden.
9. Pilze und Gemüse müssen vor dem Einlegen in Öl blanchiert werden.
10. Geöffnete Gläser müssen im Kühlschrank aufbewahrt und bald verzehrt werden.

10 goldene Einmachtips

1. Nur so viele Früchte kaufen, wie an einem Tag verarbeitet werden können.
2. Die Früchte für Marmelade und Gelee müssen so frisch wie möglich sein. Sie werden sehr schonend gewaschen. Jede angeschlagene oder faule Stelle muß weggeschnitten werden.
3. Mengenangaben in den Rezepten einhalten, sonst besteht die Gefahr, daß z.B. die Marmelade nicht richtig geliert.
4. Unbedingt die Kochzeit einhalten. Die Kochzeit fängt erst an, wenn die Masse zu sprudeln beginnt.
5. Nie größere Mengen auf einmal zubereiten, dadurch verlängert sich die Kochzeit, und das Durchkochen ist nicht immer gewährleistet.
6. Die Masse muß ständig umgerührt werden, damit sich die Wärme richtig verteilt und die Früchte nicht anbrennen.
7. Den Topf immer nur halbvoll füllen, so kann genügend Flüssigkeit verdampfen, und es besteht keine Gefahr des Überkochens.
8. Marmeladen und Gelee werden kochend heiß und randvoll in die Gläser gefüllt und müssen sofort verschlossen werden.
9. Nach dem Einfüllen und Verschließen der Gläser durch die Schraubdeckel werden sie ca. 5 Minuten mit dem Deckel auf den Kopf gestellt. Dadurch werden eventuell vorhandene Keime im Deckel durch die Hitze zerstört.
10. Der beim Kochen entstehende Schaum muß vorsichtig mit einem Schaumlöffel abgehoben werden, da er eventuell Mikroorganismen enthält.

Grundsätzliches zum Einlegen

Es wird ein Sud aus Essig, Salz, Zucker und Gewürzen hergestellt. Früchte oder Gemüse werden entweder im Essigsud vorgegart oder vorher in Wasser blanchiert. Anschließend werden sie mit Hilfe einer Schaumkelle in die Gläser portioniert, der Sud wird abermals erhitzt und erst jetzt in die Gläser gefüllt. Wichtig ist, daß der Essigsud ca. 1 cm hoch die Früchte oder das Gemüse bedeckt, damit keine Gärung einsetzen kann.

Beim sauren Einlegen kann man das Gemüse auch einen Tag vorher einsalzen. Vor der Weiterverarbeitung muß es allerdings abgespült werden. Bei den Mixed Pickles z.B. wird blanchiertes Gemüse in einer Essig-Zucker-Salz-Mischung eingelegt und mit Gewürzen verfeinert.

Die Konservierung beim Einlegen erreicht man durch Essig oder verstärkt durch Essig und Zucker. Eine weitere Möglichkeit besteht in dem Einlegen von Obst in Alkohol.

Was kann ich alles wie einlegen?

- Alle festen Gemüsesorten, kleine Gurken, Tomaten, Blumenkohl, Paprika, Kürbis,
- frische Kräuter usw. können sowohl süß-sauer als auch nur sauer eingelegt werden.
- Pilze werden nur sauer eingelegt.
- Einige Obstsorten wie Kirschen, Birnen oder Quitten können süß-sauer eingelegt werden. Zum sauren Einlegen eignen sie sich jedoch nicht, dafür kann Obst aber in Alkohol eingelegt werden.

Grundsätzliches zum Einmachen

Zwei Faktoren bestimmen das Einmachen: die Verwendung von Zucker und der Gebrauch von Hitze.
1. Um die Haltbarkeit zu garantieren, muß Zucker verwendet werden. Zucker bindet das in Früchten enthaltene Wasser, und die Mikroorganismen können sich nicht mehr vermehren. Nebenbei dient der Zucker natürlich auch zur Geschmacksverbesserung.
2. Beim Erhitzen entsteht eine sterilisierende Wirkung. Bei einer Temperatur über 100° C werden auch hitzeresistente Sporen abgetötet.
Beim traditionellen Einwecken werden die Einmachgläser zusätzlich im heißen Wasserbad erhitzt.
Heute bevorzugt man jedoch überwiegend den Einsatz von Schraubgläsern, in die das fertige heiße Gargut gefüllt wird und die dann sofort verschlossen werden.
Eingemachte Gelees oder Marmeladen, die mit Gelierzucker hergestellt wurden, dürfen nicht nochmals erhitzt werden, da sonst der Geliereffekt verloren gehen würde.

Was kann ich alles einmachen?

Marmeladen, Gelees, Konfitüren, Relishes, Kompott, Chutneys und Gemüsesorten.

Unterschiede zwischen Einmachen und Einwecken

Pasteurisierung = Einmachen
Die Erhitzungszeiten sind kürzer und die Temperatur niedriger als beim Sterilisieren. Die Haltbarkeit von eingemachten Marmeladen und Gelees mit einem Frucht-Zuckerverhältnis von 1:1 ist auf ca. 1 Jahr beschränkt.
Sterlisierung = Einwecken
Bei genügend langer Erhitzungszeit und hoher Temperatur werden alle Mikroorganismen und Enzyme abgetötet. Eingeweckte Lebensmittel sind jahrelang haltbar.

Der kleine Unterschied – Chutney, Relish oder Pickles?

Für viele Feinschmecker sind feurige Saucen oder würzige Dips ein unbedingtes Muß. In der Regel findet man sie in der asiatischen oder indischen Küche. Aber auch die amerikanische Küche schätzt Chutneys, Relishes und Pickles, und auch bei uns sind sie bei Grillpartys zu gebratenem Fleisch und Fisch nicht mehr wegzudenken.

Chutneys und Relishes sind marmeladenartig eingekochte Zutaten aus Früchten und Gemüsen, die mit Essig, Zucker und Gewürzen konserviert werden.
Die Bezeichnung Chutney stammt ursprünglich aus Indien, Relish aus dem englisch-amerikanischen Sprachraum. Geschmacklich kann man die Saucen und Pasten von süß bis scharf zubereiten. Die Chutneys sind in der Regel würziger und konzentrierter. Sie beinhalten gröbere Frucht- bzw. Gemüsestückchen als Relishes. Schärfere Gemüsesorten wie Paprika eignen sich besonders gut zu Curry- und Reisgerichten. Relishes dagegen werden gerne zu Gegrilltem serviert.
Pickles sind in Essig eingelegte ganze oder zerteilte Früchte und Gemüse, die als Beilagen serviert werden.

Leckere Marmeladen und Konfitüren

Grapefruitmarmelade

1250 g Grapefruitfleisch (ca. 3 Früchte)
1750 g Zucker
1 Opekta 2000 (Geliermittel)
10 g Zitronensäure

Grapefruit schälen, filetieren und die Filets durch den Fleischwolf drehen. Den Zukker und die Zitronensäure hinzufügen. Alles gut verrühren und zum Kochen bringen. Kurz kräftig aufkochen lassen. Dann Opekta 2000 einrühren und nochmals kurz aufwallen lassen. Sofort in heiß ausgespülte Schraubgläser füllen. Fest verschließen und 5 Minuten auf dem Deckel gewendet stehen lassen.

Orangenmarmelade mit Whiskey

1250 g Orangenfleisch (ca. 6 ungespritzte Orangen)
2000 g Zucker
1 Opekta 2000 (Geliermittel)
10 g Zitronensäure
1/4 l Whiskey

Die Orangen gründlich heiß abwaschen und trockenreiben. Dann die Orangen sehr dünn schälen und die Schalen in feine Streifen schneiden. Das Fruchtfleisch filetieren und durch den Wolf drehen. Die Schalen zum Fruchtfleisch geben. Alles zusammen in einen Topf geben und mit dem Zucker und der Zitronensäure unter ständigem Rühren zum Kochen bringen. Nach 10 Sekunden intensivem Kochen Opekta hinzufügen. Alles nochmals kurz aufkochen lassen.

Topf vom Herd nehmen und ganz langsam den Whiskey unterrühren. Sofort in heiß ausgespülte Schraubgläser füllen. Fest verschließen und 5 Minuten auf dem Deckel gewendet stehen lassen.

Erdbeerkonfitüre mit Orangenlikör

1 kg Erdbeeren
1 kg Gelierzucker
abgeriebene Schale von einer Orange
5 EL Orangenlikör

Erdbeeren waschen, putzen und mit einer Gabel zerdrücken. Gelierzucker und die abgeriebene Schale der Orange hinzufügen und alles gut vermischen.
Unter Rühren zum Kochen bringen und 4 Minuten sprudelnd kochen lassen.
Orangenlikör unterrühren. Sofort in heiß ausgespülte Schraubgläser füllen. Fest verschließen und 5 Minuten auf dem Deckel gewendet stehen lassen.

Geistliche Birnenmarmelade

1 kg reife, aber feste Birnen
2 EL Zitronensaft
500 g Gelierzucker 2:1
4 EL Birnengeist

Die Birnen waschen, schälen, vom Kerngehäuse befreien und grob raspeln.
Alle Zutaten ohne Birnengeist in einen Topf geben und zum Kochen bringen. Dabei immer wieder umrühren. Die Marmelade 4 Minuten sprudelnd kochen lassen und wenn nötig abschäumen. Zum Schluß den Birnengeist unterrühren. Sofort in heiß ausgespülte Schraubgläser füllen. Fest verschließen und 5 Minuten auf dem Deckel gewendet stehen lassen.

Ananas-Erdbeer-Marmelade

1 Ananas (ca. 500 g Fruchtfleisch)

500 g Gelierzucker 2:1

500 g Erdbeeren

4 cl Rum

Ananas schälen und der Länge nach in Viertel schneiden. Den hellen Strunk entfernen und in Scheiben, dann in kleine Keile schneiden. Mit dem Gelierzucker vermischen und über Nacht durchziehen lassen. Die Erdbeeren waschen, putzen und vierteln. Die Ananas-Zucker-Mischung mindestens 4 Minuten sprudelnd kochen lassen, dann die Erdbeerstücke unterrühren und weitere 2 Minuten kochen lassen. Nach der Gelierprobe vom Herd nehmen und den Rum unterrühren. Sofort in heiß ausgespülte Schraubgläser füllen. Fest verschließen und 5 Minuten auf dem Deckel gewendet stehen lassen.

Holundermarmelade

1 kg Holunderbeeren

1 kg Gelierzucker 1:1

1 unbehandelte Zitrone

6 cl schwarzer Johannisbeerlikör

Zitrone waschen, trockentupfen und reiben. Die abgeriebene Zitrone anschließend auspressen. Die Holunderbeerdolden waschen und in einem Sieb abtropfen lassen. Die Beeren von den Stielen abstreifen, in einem Topf mit dem Zitronensaft, der geriebenen Zitronenschale und dem Gelierzucker zum Kochen bringen und ca. 4 Minuten sprudelnd kochen lassen. Den Topf vom Herd nehmen und den Likör unterrühren. Sofort in heiß ausgespülte Schraubgläser füllen. Fest verschließen und 5 Minuten auf dem Deckel gewendet stehen lassen.

Kürbismarmelade

1 kg Kürbis

1 kg Gelierzucker

Saft einer Zitrone

Ingwer

Zimt

Den Kürbis teilen, entkernen, schälen und in kleine Stücke schneiden. Alle Zutaten mit den Gewürzen (nach Geschmack) miteinander vermengen und eine Stunde ziehen lassen. Anschließend langsam aufkochen und weitere 4 Minuten unter Rühren köcheln lassen. Sofort in heiß ausgespülte Schraubgläser füllen. Fest verschließen und 5 Minuten auf dem Deckel gewendet stehen lassen.

Zitronenmarmelade

6 unbehandelte Zitronen

1 l Wasser

1 kg Gelierzucker

10 cl Zitronenlikör

Die Zitronen waschen, halbieren, Kerne entfernen und mit der Schale in dünne Stücke schneiden. Zitronenstücke mit dem Wasser übergießen, mehrere Stunden ziehen lassen, anschließend kurz aufkochen. Dann den Gelierzucker hinzufügen, die Zitronenmasse nochmals aufkochen und 5 Minuten sprudelnd kochen lassen. Vom Herd nehmen und den Zitronenlikör unterrühren. Sofort in heiß ausgespülte Schraubgläser füllen. Fest verschließen und 5 Minuten auf dem Deckel gewendet stehen lassen.

Aprikosen-Rhabarber-Marmelade

2 kg Rhabarber

2 kg Gelierzucker

800 g getrocknete Aprikosen

Rhabarber schälen, in ca. 1 cm große Stükke schneiden. Waschen und im Sieb abtropfen lassen. Dann Rhabarber in eine Schüssel geben und den Gelierzucker unterrühren. Über Nacht durchziehen lassen. Am nächsten Tag die Aprikosen in kleine Stücke schneiden und mit dem in Gelierzucker eingelegten Rhabarber und Saft zusammen in einen Topf geben und zum Kochen bringen. Ca. 4 Minuten unter ständigem Rühren kochen lassen. Sofort in heiß ausgespülte Schraubgläser füllen. Fest verschließen und 5 Minuten auf dem Deckel gewendet stehen lassen.

Brombeer-Apfel-Pflaumen-Marmelade

500 g Brombeeren

500 g entsteinte Pflaumen

500 g Äpfel, geschält und entkernt

1,5 kg Gelierzucker

Obst waschen und putzen. Pflaumen und Äpfel in kleine Stücke oder Würfel schneiden. Zusammen mit den Brombeeren in einen Topf geben, Gelierzucker unterrühren und über Nacht stehen lassen. Am nächsten Tag unter ständigem Rühren zum Kochen bringen und 4 Minuten sprudelnd kochen lassen. Sofort in heiß ausgespülte Schraubgläser füllen. Fest verschließen und 5 Minuten auf dem Deckel gewendet stehen lassen.

Kiwi-Bananen-Marmelade

500 g Kiwi (reines Fruchtfleisch)

500 g Bananen (ohne Schale)

1 kg Gelierzucker

1 Schnapsglas Rum

Kiwis und Bananen schälen, in Scheiben oder Stücke schneiden und mit dem Gelierzucker vermischen. Alles langsam zum Kochen bringen und 4 Minuten sprudelnd kochen lassen. Wenn nötig abschäumen! Vom Herd nehmen und den Rum unterrühren. Sofort in heiß ausgespülte Schraubgläser füllen. Fest verschließen und 5 Minuten auf dem Deckel gewendet stehen lassen.

Tomatenmarmelade

1 kg reife Tomaten

1 kg Gelierzucker

Saft und abgeriebene Schale von 1 Zitrone

Tomaten blanchieren, kalt abspülen, die Haut abziehen und gut zerkleinern. In einem Topf alle Zutaten miteinander vermischen und langsam zum Kochen bringen. Ca. 4 Minuten sprudelnd kochen lassen. Sofort in heiß ausgespülte Schraubgläser füllen. Fest verschließen und 5 Minuten auf dem Deckel gewendet stehen lassen.

Zucchinimarmelade

1 kg Zucchini

1 kg Gelierzucker

Saft von 3 Zitronen

1/2 TL gemahlener Ingwer

Zucchini waschen, putzen, raspeln und mit dem Gelierzucker, Zitronensaft und dem Ingwer in einen Topf geben und unter Rühren zum Kochen bringen. Etwa 4 Minuten sprudelnd kochen lassen. Sofort in heiß ausgespülte Schraubgläser füllen. Fest verschließen und 5 Minuten auf dem Deckel gewendet stehen lassen.

Pfirsich-Kürbis-Marmelade

600 g Pfirsiche (Fruchtfleisch)

400 g Kürbis (Fruchtfleisch)

Saft und abgeriebene Schale einer Zitrone

1 kg Gelierzucker

1 TL Ingwer

Pfirsiche enthäuten, den Kern entfernen und in kleine Stücke schneiden. Kürbis schälen, halbieren, Fruchtfleisch lösen und die Kerne entfernen. Die Fruchtstücke abwiegen und zerkleinern. Mit Gelierzucker, Ingwer, Zitronensaft und Schale vermischen und unter Rühren zum Kochen bringen. 4 Minuten sprudelnd kochen lassen. Sofort in heiß ausgespülte Schraubgläser füllen. Fest verschließen und 5 Minuten auf dem Deckel gewendet stehen lassen.

Indische Bananenmarmelade

4 Bananen

500 g Gelierzucker

4 EL Wasser

4 EL Weißwein

Saft einer Zitrone

Ingwer (nach Geschmack)

Je eine Prise Salz und Pfeffer

1 Eigelb

Bananen mit einer Gabel zerdrücken, mit Gelierzucker, Wasser und Weißwein verrühren und zum Kochen bringen. 4 Minuten sprudelnd kochen lassen und den Zitronensaft hinzufügen. Mit Salz, Pfeffer und Ingwer würzen. Unter die heiße, aber nicht mehr kochende Marmelade das verquirlte Eigelb rühren und in Schraubgläser füllen. Diese Marmelade eignet sich nicht für die lange Vorratshaltung. Sie sollte im Kühlschrank aufbewahrt und bald verzehrt werden. Sie eignet sich auch gut als Dip für gebratenes Fleisch.

Beerenmarmelade mit Mandelblättern

1400 g gemischte Beeren

50 g Mandelblätter

60 ml Johannisbeerlikör

500 g Diät-Gelier-Fruchtzucker

Beeren waschen, verlesen, über ein Sieb abtropfen lassen, in einen Kochtopf geben und Mandelblätter und Fruchtzucker unterrühren. Alles unter Rühren zum Kochen bringen. Die weitere Zubereitung bitte nach Anleitung auf der Verpackung des Gelierzuckers. Sofort in heiß ausgespülte Schraubgläser füllen. Fest verschließen und 5 Minuten auf dem Deckel gewendet stehen lassen.

Erdbeermarmelade

1 kg Erdbeeren

1/2 kg Gelierzucker 2:1

Erdbeeren putzen und eventuell vierteln. In einem Topf mit dem Gelierzucker vermischen, durchrühren und 30 Minuten ziehen lassen. Alles unter Rühren zum Kochen bringen und weitere 4 – 5 Minuten sprudelnd kochen lassen. Sofort in heiß ausgespülte Schraubgläser füllen. Fest verschließen und 5 Minuten auf dem Deckel gewendet stehen lassen.

Erdbeer-Kiwi-Marmelade

750 g Erdbeeren

250 g Kiwi (Fruchtfleisch)

Saft von 3 Limetten

1 kg Gelierzucker

Erdbeeren waschen, putzen und mit einer Gabel zerdrücken. Kiwis schälen und das Fruchtfleisch in Würfeln schneiden. Erdbeeren und Kiwis vermischen. Limetten auspressen, die Früchte mit dem Saft übergießen und 500 g Gelierzucker unterrühren. Die gezuckerte Fruchtmischung in einem Topf unter ständigem Rühren aufkochen und dann den Rest des Gelierzuckers einrühren. Nochmals kurz aufkochen. Sofort in heiß ausgespülte Schraubgläser füllen. Fest verschließen und 5 Minuten auf dem Deckel gewendet stehen lassen.

Beschwipste Pflaumenmarmelade

1 kg Pflaumen (entsteint)

500 g Gelierzucker 2+1

4 EL Rum

Die Pflaumen in sehr kleine Stücke schneiden oder mit dem Mixer fast zu Mus zerkleinern. Gelierzucker unterrühren und in einem Topf aufkochen. Weitere 4 Minuten unter ständigem Rühren sprudelnd kochen lassen. Vom Herd nehmen und den Rum unterrühren. Sofort in heiß ausgespülte Schraubgläser füllen. Fest verschließen und 5 Minuten auf dem Deckel gewendet stehen lassen.

Brombeer-Holunder-Marmelade

700 g Brombeeren

300 g Holunderbeeren

1 kg Gelierzucker

1 Zitrone

Die Brombeeren verlesen, waschen und über einem Sieb abtropfen lassen. Holunderbeeren waschen, von den Dolden streifen und mit einer Gabel zerdrücken. Brombeeren und Holunderbeeren mit dem Gelierzucker verrühren und zugedeckt über Nacht durchziehen lassen. Am nächsten Tag die Zitrone auspressen. Den Saft zu den in Gelierzucker eingelegten Beeren geben und zum Kochen bringen. Dann weitere 4 Minuten sprudelnd kochen lassen. Sofort in heiß ausgespülte Schraubgläser füllen. Fest verschließen und 5 Minuten auf dem Deckel gewendet stehen lassen.

Ananas-Zitronen-Konfitüre mit Whiskey

600 g Ananas (Fruchtfleisch)
300 ml Zitronensaft
100 ml Whiskey
350 g Zucker
1 Beutel Gelfix

Strunk von der Ananas abschneiden, vierteln, den holzigen Mittelteil entfernen und schälen. Die Viertel in Scheiben und dann in sehr kleine Stücke schneiden. Ananas, Zitronensaft und Whiskey in einen Topf geben. Zucker mit Gelfix vermischen und mit der Fruchtmasse verrühren. Alles unter ständigem Rühren 5 Minuten sprudelnd kochen lassen. Sofort in heiß ausgespülte Schraubgläser füllen. Fest verschließen und 5 Minuten auf dem Deckel gewendet stehen lassen.

Erdbeer-Mango-Konfitüre

750 g Erdbeeren
250 g Mangos (Fruchtfleisch)
100 ml Maracujasaft
1 kg Gelierzucker 1:1

Obst waschen, putzen und in Stücke schneiden. Maracujasaft und Gelierzucker unter die Fruchtmasse rühren, aufkochen und unter ständigem Rühren 4 Minuten sprudelnd weiterkochen lassen. Sofort in heiß ausgespülte Schraubgläser füllen. Fest verschließen und 5 Minuten auf dem Deckel gewendet stehen lassen.

Pfirsichkonfitüre mit Zitronenmelisse und Orangensaft

1 kg Pfirsiche

Saft von 2 Orangen

10 Blätter Zitronenmelisse

500 g Gelierzucker 2:1

Pfirsiche blanchieren, kalt abspülen und die Haut abziehen. Fruchtfleisch in kleine Stückchen schneiden und mit Orangensaft verrühren. Zitronenmelisse hacken und unter die Pfirsiche mischen. Den Gelierzucker zufügen und unter Rühren zum Kochen bringen, 4 Minuten sprudelnd kochen lassen. Sofort in heiß ausgespülte Schraubgläser füllen. Fest verschließen und 5 Minuten auf dem Deckel gewendet stehen lassen.

Erdbeer-Bananen-Konfitüre

600 g frische Erdbeeren

400 g Bananen (Fruchtfleisch)

50 ml Zitronensaft

1 kg Gelierzucker 1:1

Die Erdbeeren waschen, abtropfen lassen, putzen, in kleine Stücke schneiden und den Zitronensaft hinzufügen. Die Bananen schälen und sehr klein schneiden. Fruchtstücke mit dem Gelierzucker mischen und ca. 5 Stunden abgedeckt durchziehen lassen. Alles in einen sehr großen Topf geben und unter Rühren zum Kochen bringen. Weitere 4 Minuten sprudelnd kochen lassen, dabei ständig umrühren. Sofort in heiß ausgespülte Schraubgläser füllen. Fest verschließen und 5 Minuten auf dem Deckel gewendet stehen lassen.

Apfel-Pfefferminz-Konfitüre

1/2 l Apfelsaft (ungesüßt)

200 g frische Pfefferminzblätter

1/4 l Wasser

750 g Äpfel

1/2 TL Ingwerpulver

1 Päckchen Zitronensäure

500 g Gelierzucker 2:1

Apfelsaft, Pfefferminzblätter und 1/4 l Wasser aufkochen. Zugedeckt bei schwacher Hitze ca. 30 Minuten kochen und mindestens 12 Stunden ziehen lassen. Äpfel schälen, raspeln und zum durchgesiebten Pfefferminzsud geben. Ingwer, Zitronensäure und Gelierzucker unterrühren. Alles zum Kochen bringen und 4 Minuten sprudelnd weiterkochen lassen. Sofort in heiß ausgespülte Schraubgläser füllen. Fest verschließen und 5 Minuten auf dem Deckel gewendet stehen lassen.

Brombeerkonfitüre mit Mandelblättchen

2 kg Brombeeren

1 kg Gelierzucker 2:1

150 g Mandelblättchen

Die Brombeeren waschen und in einem Sieb abtropfen lassen. Früchte mit dem Gelierzucker vermischen und zugedeckt für etwa 1 Stunden ziehen lassen. Alles unter Rühren zum Kochen bringen. Weitere 4 Minuten sprudelnd kochen lassen, dabei ständig umrühren, anschließend die Mandelblättchen unterrühren. Sofort in heiß ausgespülte Schraubgläser füllen. Fest verschließen und 5 Minuten auf dem Deckel gewendet stehen lassen.

Johannisbeerkonfitüre

500 g rote Johannisbeeren
500 g schwarze Johannisbeeren
500 g Gelierzucker 2:1

Johannisbeeren waschen, mit einer Gabel von den Stielen streifen und zerdrücken. Anschließend mit dem Gelierzucker unter Rühren aufkochen. Weitere 4 Minuten sprudelnd kochen lassen, dabei ständig umrühren. Sofort in heiß ausgespülte Schraubgläser füllen. Fest verschließen und 5 Minuten auf dem Deckel gewendet stehen lassen.

Kirschkonfitüre mit Vanille und Schuß

750 g Zucker
200 ml Wasser
1 Vanilleschote
1 kg Sauerkirschen (entsteint)
2 EL Amaretto
2 EL Kirschlikör

Zucker mit Wasser und der aufgeschlitzten Vanilleschote aufkochen. Wenn die Vanilleschote anfängt, dicklich zu werden, entfernen und die gewaschenen und entsteinten Früchte hinzufügen. Alles etwa 15 Minuten kochen, dann die Gelierprobe machen. Vom Herd nehmen und die Liköre unterrühren. Sofort in heiß ausgespülte Schraubgläser füllen. Fest verschließen und 5 Minuten auf dem Deckel gewendet stehen lassen.
Diese Konfitüre ist zum schnellen Verbrauch bestimmt.

Pfirsich-Melonen-Konfitüre

1250 g Pfirsich (Fruchtfleisch)

500 g Gelierzucker 3plus1

geriebene Schale von einer halben Zitrone

250 g Wassermelone (Fruchtfleisch)

5 cl Grand Marnier

Die Pfirsiche kurz blanchieren, unter kaltem Wasser abschrecken und enthäuten. Halbieren, Kern lösen und in kleine Würfel schneiden. Mit dem Mixer oder Pürierstab zerkleinern (es sollten noch kleine Stücke erkennbar bleiben). Melone schälen, Kerne entfernen, das Fruchtfleisch sehr fein würfeln. Alles in einem Topf mit dem Gelierzucker und der geriebenen Zitronenschale vermischen und unter Rühren zum Kochen bringen. Wenn nötig abschäumen. Weitere 4 Minuten sprudelnd kochen lassen, dabei ständig umrühren. Vom Herd nehmen und den Likör zufügen. Sofort in heiß ausgespülte Schraubgläser füllen. Fest verschließen und 5 Minuten auf dem Deckel gewendet stehen lassen.

Sauerkirsch-Rotwein-Konfitüre

1 kg Sauerkirschen (entsteint)

1/4 l trockener Rotwein

1250 g Gelierzucker

1 Päckchen Vanillezucker

Saft von einer Zitrone

1 Messerspitze Zimt

Kirschen waschen und entsteinen, mit dem Wein, Gelierzucker und dem Vanillezucker in einen großen Topf geben. Abdecken und 3 Stunden ziehen lassen. Dann Zitronensaft und Zimt hinzufügen und unter ständigem Rühren zum Kochen bringen. Weitere 4 Minuten sprudelnd kochen lassen, dabei ständig umrühren. Gelierprobe machen! Sofort in heiß ausgespülte Schraubgläser füllen. Fest verschließen und 5 Minuten auf dem Deckel gewendet stehen lassen.

Weintraubenkonfitüre

1500 g Weintrauben (kernlos)
1500 g Zucker
1 Stück Zimtstange
10 g Zitronensäure
1 Flasche Opekta

Trauben waschen und entstielen. 750 g Weintrauben halbieren. Die übrigen 750 g Weintrauben mit dem Mixer pürieren. Fruchtmasse und Fruchtstücke zusammen mit dem Zucker, der Zimtstange und der Zitronensäure unter ständigem Rühren zum Kochen bringen und weitere 10 Minuten kochen lassen. Opekta hinzufügen und nochmals kurz aufkochen lassen. Vom Herd nehmen und sofort in heiß ausgespülte Schraubgläser füllen. Fest verschließen und 5 Minuten auf dem Deckel gewendet stehen lassen.

Himbeer-Apfel-Konfitüre

500 g Himbeeren
500 g Äpfel
abgeriebene Schale von einer Orange
500 g Gelierzucker 2:1
2 EL Himbeergeist

Himbeeren verlesen, waschen und in einem Sieb abtropfen lassen. Äpfel schälen, Kerngehäuse entfernen und grob raspeln. Abgeriebene Orangenschale und Gelierzucker unter die Fruchtmasse rühren, alles in einen Topf geben und aufkochen lassen. Unter ständigem Rühren weitere 4 Minuten sprudelnd weiterkochen. Vom Herd nehmen und den Himbeergeist unterrühren. Sofort in heiß ausgespülte Schraubgläser füllen. Fest verschließen und 5 Minuten auf dem Deckel gewendet stehen lassen.

Blutorangenkonfitüre

1250 g unbehandelte Blutorangen (Fruchtfleisch)

250 g unbehandelte Zitronen (Fruchtfleisch)

750 ml Wasser

300 g Zucker

1500 g Gelierzucker

Früchte waschen, gründlich abreiben und dünn schälen. Von den Schalen ca. 100 g in sehr feine Streifen schneiden und mit 750 ml Wasser und 300 g Zucker im geschlossenen Topf 15 Minuten brausend kochen lassen. Orangen und Zitronen filetieren, in kleine Würfel schneiden und in den Obstschalensud geben. Alles im geschlossenen Topf ca. 20 Minuten kochen, danach abkühlen lassen. Gelierzucker hinzufügen, nochmals zum Kochen bringen und weitere 3 Minuten kochen lassen. Sofort in heiß ausgespülte Schraubgläser füllen. Fest verschließen und 5 Minuten auf dem Deckel gewendet stehen lassen.

Gemischte Obstkonfitüre mit Fenchel

1500 g Früchte (nach Bedarf, aber mindestens 3 Sorten)

1,5 kg Gelierzucker

1/2 EL Fenchelsamen

Die Früchte waschen, putzen, schälen bzw. entsteinen und eventuell in Würfel schneiden. Beeren ganz lassen. Obst mit Zucker und Fenchelsamen verrühren und in einem großen Topf unter Rühren aufkochen lassen. Danach weitere 4 Minuten sprudelnd einkochen. Gelierprobe machen! Sofort in heiß ausgespülte Schraubgläser füllen. Fest verschließen und 5 Minuten auf dem Deckel gewendet stehen lassen.

Rhabarberkonfitüre mit Pistazien

1 kg Rhabarber

1 Orange

1 kg Gelierzucker

100 g gemahlene Pistazien

Rhabarber waschen (nicht abziehen), in kleine Stückchen schneiden und mit Orangensaft und Gelierzucker vermischen. Zugedeckt ca. 5 Stunden durchziehen lassen, dann unter Rühren zum Kochen bringen. 4 Minuten sprudelnd kochen lassen. Vom Herd nehmen und die Pistazien zufügen. Sofort in heiß ausgespülte Schraubgläser füllen. Fest verschließen und 5 Minuten auf dem Deckel gewendet stehen lassen.

Bananenkonfitüre

1 kg Bananen (geschält)

1 kg Gelierzucker

5 Zitronen

1 Stück frischer Ingwer

Bananen schälen, in Scheiben schneiden und mit dem Saft einer Zitrone mischen. Zitronen schälen, filetieren und in kleine Stücke schneiden, dabei den Saft auffangen. Bananenscheiben, Fruchtstücke und Zitronensaft mit dem Gelierzucker vermengen. Den Ingwer schälen, fein reiben und untermischen. Alles eine Stunde ziehen lassen, dann in einen großen Topf geben und aufkochen. Unter Rühren weitere 4 Minuten sprudelnd kochen lassen. Sofort in heiß ausgespülte Schraubgläser füllen. Fest verschließen und 5 Minuten auf dem Deckel gewendet stehen lassen.

Pikant eingelegtes Gemüse und Obst

Äpfel mit Melisse

1 kg saure Äpfel
1 Bund Zitronenmelisse
1/4 l Wasser
1 Zitrone
1/4 l Obstessig
200 g Zucker

Äpfel waschen, schälen, vierteln und das Kerngehäuse ausschneiden. Apfelschalen und Zitronenmelisse im Mixer pürieren und zusammen mit dem Saft der Zitrone und Wasser kurz aufkochen. Anschließend die Masse durch ein feines Sieb in einen anderen Topf drücken und zusammen mit Essig und Zucker wieder erhitzen. Die gevierteilten Äpfel nacheinander zugeben und glasig kochen, in Schraubgläser füllen und mit dem heißen Sud aufgießen. Sofort verschließen und kühl lagern.

Gewürzbirnen

2 kg feste Birnen
1 Zitrone
1/2 l Weißweinessig
1/2 l Weißwein
1 kg Zucker
6 Zimtstangen
2 EL Nelken
1 TL gemahlene Senfkörner

Die Birnen werden im Ganzen geschält und die weichen Teile vom Stiel abgeschabt. Anschließend sofort in Wasser mit Zitronensaft legen. Essig, Weißwein, Zucker und Gewürze aufkochen und 5 Minuten sieden lassen.
Die Birnen einzeln in dem Sud glasig werden lassen und anschließend in ein Sieb zum Abtropfen legen. Anschließend werden die Birnen eng in Schraubgläser geschichtet. Den Sud noch weitere 10 Minuten kochen lassen und dann über die Birnen geben. Sofort verschließen und an einem dunklen Ort kühl lagern.

Pikanter Kürbis

1 kg Kürbis
1/2 l Wasser
1/2 l Weinessig
750 g Zucker
1 Tasse Weinessig (200 ml)
1 Tasse Wasser (200 ml)
6 Nelken
1 Zitronenschale
Saft von 2 Orangen

Den Kürbis schälen, vierteln, entkernen und in kleine Würfel schneiden. 1/2 l Essig mit 1/2 l Wasser mischen, die Kürbiswürfel darin einlegen und 12 Stunden im Kühlschrank ziehen lassen.
Eine Tasse Essig mit einer Tasse Wasser und dem Zucker verrühren, Nelken und Zitronenschale zugeben und alles zusammen aufkochen. Die abgetropften Kürbiswürfel in die heiße Marinade geben, glasig dünsten und anschließend mit einem Schaumlöffel in Schraubgläser füllen.
Den Orangensaft zum Sud geben, aufkochen lassen, heiß in die Gläser füllen und diese sofort verschließen.

Essigkirschen

1 kg Kirschen
500 g Zucker
1/4 l Weinessig
2 EL Senfkörner

Die Kirschen entstielen, waschen, abtropfen lassen und entsteinen, dabei möglichst den Kirschsaft über einer Schüssel auffangen. Dann den Zucker, Essig und Saft verrühren, mehrere Minuten aufkochen und erkalten lassen.
1 EL Senfkörner zerstoßen und gemeinsam mit den ganzen Körnern und den Kirschen in Schraubgläser füllen. Mit dem erkalteten Sud übergießen und die Gläser fest verschließen.

Marinierte Champignons

1 kg frische, möglichst kleine Champignons
2 Zwiebeln
1/2 l Weinessig
1 EL Zucker
1 EL Pfefferkörner
3 Lorbeerblätter
1 EL Senfkörner

Die Champignons putzen, Zwiebeln in Würfel schneiden.
Pilze in einer Schaumkelle portionsweise in kochendem Wasser 2 Minuten blanchieren und auf Küchenkrepp abtropfen lassen. Anschließend die Zwiebeln blanchieren. Essig mit Zucker und allen Gewürzen aufkochen und weitere 7 Minuten köcheln lassen, anschließend vom Herd nehmen. Die Pilze mit dem Sud in Schraubgläser füllen und sofort verschließen.

Süßsaure Möhren

1,5 kg kleine Karotten
1/2 l Weinessig
1/2 l Wasser
700 g Zucker
8 Nelken
1 Vanillestange
1 Zimtstange
geriebene Schale einer halben Zitrone

Die Karotten waschen, putzen und in dünne Scheiben schneiden.
Wasser, Essig, Zucker, Gewürze und Zitronenschale aufkochen. Karotten hinzugeben und glasig dünsten, anschließend mit einem Sieblöffel aus dem Sud herausnehmen und den Sud 15 Minuten weiterkochen. Die Karotten in Schraubgläser füllen und mit dem Sud aufgießen.

Rettich, süßsauer

1 kg Rettich
1/2 l Apfelessig
700 g Zucker
1/2 TL Pfeffer
1 1/2 EL Senfkörner
1/2 TL Muskat

Rettich waschen, schälen und in Scheiben schneiden. Die übrigen Zutaten zusammen aufkochen, dann die Rettichscheiben zugeben und glasig dünsten.
Mit einem Sieblöffel herausnehmen und den Sud weitere 10 Minuten kochen. Anschließend den Rettich in Schraubgläser füllen, Sud aufgießen, fest verschließen und kühl stellen.

Essigpaprika

2 Zwiebeln
2 kg Paprika, gemischt
2 l Wasser
1/2 gehäufter EL Salz
100 g schwarze Oliven
1 Knoblauchzehe
500 ml Wasser
500 ml Essig
15 g Salz
15 g Zucker
1 TL weiße Pfefferkörner
2 Lorbeerblätter
2 EL Öl

Zwiebeln in Scheiben schneiden. Paprika putzen, waschen, vierteln, vom Kerngehäuse befreien und in kochendem Salzwasser 10 Minuten ziehen lassen. Unter kaltem Wasser abschrecken, in einem Sieb abtropfen und auskühlen lassen.
Anschließend zusammen mit den Zwiebeln und Oliven in Schraubgläser füllen.
Die geschälte Knoblauchzehe zusammen

mit den restlichen Zutaten aufkochen, abkühlen lassen, über die Paprika gießen, bis sie vollständig bedeckt sind. Gläser sofort verschließen und mindestens 4 Wochen kühl lagern.

Italienische Bohnen

1,5 kg Grüne Bohnen
1 l Rotwein
1/2 l Rotweinessig
1 EL Salz
1 Bund Bohnenkraut
2 Knoblauchzehe
4 Lorbeerblätter
1 l Olivenöl

Die Bohnen putzen, waschen und mit Wein, Essig, Salz, Bohnenkraut und den Lorbeerblättern garen. Die abgetropften Bohnen mit dem Bohnenkraut, den halbierten Knoblauchzehen und den Lorbeerblättern in Schraubgläser füllen und mit dem Öl übergießen. Verschließen und kühl lagern.

Rote Bete mit Zimt

1 kg Rote Bete
1/4 l Zitronensaft
1 kg Zucker
1 Vanillestange
1 Zimtstange
6 Nelken

Rote Bete ca. 30 bis 40 Minuten in Wasser garen, unter kaltem Wasser abschrecken, Haut abziehen und in Scheiben schneiden. Zitronensaft, Zucker und Gewürze aufkochen, Rote Bete hinzufügen und ca. 5 Minuten kochen lassen. Die Bete mit einem kleinen Sieb herausnehmen und in Schraubgläser füllen. Den Sud nochmals aufkochen und heiß über die Rote Beete füllen. Gläser sofort verschließen und an einem kühlen Ort lagern.

Marinierter Lauch

1 kg Lauch
1 l Wasser
1/4 l Weinessig
1/4 l Tomatenketchup
1 EL Salz
1 TL Pfeffer
1 TL Piment

Lauchstangen putzen, in ca. 3 cm lange Stücke schneiden, waschen und in 1 l Wasser aufkochen. Weitere 10 Minuten köcheln lassen, dann mit einem Sieblöffel aus dem Sud nehmen. Essig, Ketchup und Gewürze mit einem Viertelliter des Suds aufkochen, Lauch hinzufügen und weitere 5 Minuten ziehen lassen. In Schraubgläser füllen und kühl stellen.

Paprikazwiebeln

1 kg kleine Zwiebeln
1 rote Paprika
1 grüne Paprika
1 l Wasser
1 EL Salz
1 TL Zucker
1/2 l Weinessig

Zwiebeln schälen, Paprika halbieren, entkernen, in feine Streifen schneiden und in Wasser, Zucker und Salz aufkochen. Nach ca. 5 Minuten Zwiebeln und Paprika aus dem Sud mit Hilfe eines Schaumlöffels heben. Mit einem spitzen Küchenmesser vorsichtig den Mittelteil der Zwiebeln entfernen, mit Paprika füllen und in ein hohes Gefäß legen. Einen halben Liter Zwiebelsud mit Essig aufkochen und über die Zwiebeln gießen. Abgedeckt über Nacht ziehen lassen. Sud abgießen und nochmals aufkochen, abkühlen lassen und zusammen mit den Zwiebeln in Schraubgläser füllen. Verschließen und kühl lagern.

Pikante Kirschtomaten

1500 g Kirschtomaten
350 g Zwiebeln
3 Knoblauchzehen
3 Zweige Estragon
500 ml Weißweinessig
2 EL Salz
1 EL Zucker
1 EL Pfefferkörner

Tomaten waschen und die Stielansätze entfernen. Zwiebeln schälen und in Ringe schneiden. Knoblauch schälen und halbieren. Tomaten und Zwiebelringe in Gläser schichten. Estragon und Knoblauch hinzufügen. Wein, Essig, Wasser, Salz, Pfefferkörner und Zucker aufkochen und weitere 15 Minuten köcheln lassen. Den Sud heiß über die Tomaten gießen und die Gläser fest verschließen.

Tomaten, süßsauer

2 kg kleine grüne Tomaten
1 l Weinessig
1500 g Zucker
10 Nelken
4 Knoblauchzehen
2 EL Pfefferkörner
1 TL Salz

Tomaten waschen, abtrocknen, halbieren und in eine Schüssel legen, mit Essig bedecken und zugedeckt 2 Tage ziehen lassen. Anschließend den Tomatensud durch ein Sieb gießen und mit den restlichen Zutaten aufkochen. Eventuell abschäumen! Tomaten wieder hinzufügen und weich kochen. Dann die Tomaten mit einer Schaumkelle in Schraubgläser füllen. Den Sud weitere 10 Minuten kochen, anschließend erkalten lassen und über die Tomaten gießen. Die Gläser mit Folie abdecken und 2 Tage an einem kühlen Ort ruhen lassen. Dann den Sud nochmals abgießen und aufkochen. Erkalten lassen und wieder über die Tomaten geben. Die Gläser fest verschließen.

Rotweinzwiebeln

500 g kleine Zwiebeln
1/2 l Rotwein
1/4 l Rotweinessig
1 1/2 TL Salz
6 EL Zucker
5 Lorbeerblätter

Zwiebeln schälen. Alle übrigen Zutaten in einem Topf aufkochen. Zwiebeln hinzufügen und weitere ca. 20 Minuten bei wenig Hitze köcheln lassen.
Alles auskühlen lassen und dann in Gläser füllen. Zugedeckt ca. 2 bis 3 Tage durchziehen lassen.

Blumenkohl in Essig

2 Blumenkohlköpfe
1 TL Zitronensaft
2 l Wasser
1 EL Salz
1/4 l Wasser
1/2 l Essig
1 EL Weiße Pfefferkörner
1 TL Piment
1 EL Zucker

Blumenkohl in kleine Röschen teilen und anschließend in Wasser, Salz und Zitronensaft aufkochen. Ca. 10 Minuten köcheln lassen. Dann den Blumenkohl vorsichtig in ein Sieb gießen und kalt abschrecken. 1/4 Liter Wasser, Essig, Zukker und die Gewürze aufkochen, Blumenkohlröschen hinzufügen und 5 Minuten köcheln lassen. Die Röschen mit einer Schaumkelle aus dem Sud nehmen und in Gläser füllen. Den Sud noch einmal aufkochen und heiß in die Schraubgläser füllen. Verschließen und kühl lagern.

Knoblauchgurken

1 kg grüne Einmachgurken
50 g Salz
1/4 l Essig
5 Knoblauchzehen
1 Prise Cayennepfeffer
2 TL Pfefferkörner
5 Stengel Bohnenkraut

Die Gurken waschen, schälen, entkernen und in 2 cm dicke Scheiben schneiden. Die Gurkenscheiben mit dem Salz vermischen und über Nacht zugedeckt durchziehen lassen. Am nächsten Tag den Saft abgießen und die Gurkenscheiben auf Küchenkrepp abtropfen lassen. Essig aufkochen, die Gurken portionsweise ca. 8 Minuten darin garen. Mit einem Sieblöffel entnehmen und mit den Gewürzen gemischt in Schraubgläser schichten. Essigsud nochmals aufkochen und über die Gurken gießen. Sofort verschließen.

Knoblauchgurken mit Paprika

1500 g kleine Gurken
2 rote Paprika
200 g Zwiebeln
16 Knoblauchzehen
1 l Weinessig
4 EL Salz
1 EL Senfkörner
1/2 Packung Gurkengewürz
1 Packung Einmachhilfe

Gurken und Paprika waschen. Schoten halbieren, entkernen und in Würfel schneiden. Zwiebeln schälen und in Spalten schneiden. Knoblauch schälen und halbieren. Essig mit Zucker und den Gewürzen aufkochen. Das Gemüse darin ca. 3 Minuten blanchieren, mit einer Schaumkelle entnehmen und in die Gläser füllen. Nun die Einmachhilfe im Sud auflösen, gut verrühren und den Sud über das Gemüse gießen. Gläser gut verschließen und kühl lagern.

Currygurken

2 kg Schmorgurken
Salz
125 ml Weißweinessig
6 Gewürznelken
1 TL grüner Pfeffer
100 g Rosinen
3 EL Madrascurry
100 g heller Sirup
100 g Zucker

Schmorgurken schälen, vierteln, entkernen, in 1 cm große Stücke schneiden und mit Salz bestreuen. Ca. eine halbe Stunde ziehen lassen. Mit Küchenkrepp abtupfen und mit allen Zutaten aufkochen. Weitere 15 bis 20 Minuten mit wenig Hitze köcheln lassen. Nochmals salzen, Gurken mit dem Sud in Gläser füllen und fest verschließen.

Senffrüchte

500 g Äpfel
500 g Birnen
Wasser
1 EL Salz
500 g Aprikosen
500 g Pflaumen
1500 g Zucker
250 ml Weißweinessig
250 ml Wasser
200 g Senfmehl (hell)

Äpfel und Birnen schälen, vom Kerngehäuse befreien und in Salzwasser legen. Aprikosen waschen, häuten, halbieren, den Stein entfernen. Pflaumen waschen, halbieren und den Stein entfernen. Das gesamte Obst in gleich große Stücke schneiden. Zucker mit 250 ml Wasser und Weißweinessig zum Kochen bringen. Obst darin portionsweise und getrennt garen. Anschließend mit dem Schaumlöffel in Gläser füllen. Den Sud weitere 8 Minuten köcheln lassen. Senfmehl mit etwas Flüssigkeit verrühren und nach und nach den Essigsud unterrühren. Die Früchte mit dem Essig-Senfsud völlig bedecken, Gläser fest verschließen und kühl und dunkel aufbewahren.

Cornichons

1 kg sehr kleine Gurken
50 g Salz
3/4 l Weißweinessig
1 EL Pfefferkörner
2 Lorbeerblätter

Gurken putzen, waschen und in einer Schüssel mit dem Salz vermischen. Über Nacht durchziehen lassen. Am nächsten Tag mit Küchenkrepp abtrocknen und mit den Gewürzen in Schraubgläser schichten. Essig aufkochen und die Gurken mit heißem Essigsud übergießen. Gläser fest verschließen.

Pfeffergurken

1 kg kleine Gurken
50 g Salz
3/4 l Weinessig
1/4 l Wasser
2 EL Pfefferkörner
3 Lorbeerblätter
6 Dillkronen
1 EL Zucker

Gurken putzen und waschen, anschließend in eine Schüssel mit Salz geben und über Nacht ziehen lassen. Am nächsten Tag mit Küchenkrepp abtrocknen. Mit Dillkronen in Schraubgläser schichten. Essig und Wasser aufkochen und über die Gurken gießen. Nach zwei Tagen den Sud in einen Topf abgießen, mit den restlichen Gewürzen wieder aufkochen und zurück in die Gläser geben. Fest verschließen und kühl lagern.

Champignons in Thymian

750 g kleine Champignons
1 Bund Thymian
3/8 l Weißweinessig
2 EL Pfefferkörner
3 TL Salz
1 Zitrone (unbehandelt)
700 ml Olivenöl

Pilze putzen, waschen und in einem Sieb abtropfen lassen. Thymian waschen und kleine Zweige abzupfen. In einem Topf den Essig, Salz und Pfeffer aufkochen, Thymian und Pilze hinzufügen und zugedeckt ca. 5 Minuten mit wenig Hitze köcheln lassen. Zitrone waschen, trockenreiben und in Scheiben schneiden. Pilze und Thymian mit einem Sieblöffel aus dem Sud nehmen und mit den Zitronenscheiben in Gläser füllen. Alles mit Öl aufgießen, bis die Pilze bedeckt sind. Gut verschließen, kühl lagern und vor dem Verzehr mindestens eine Woche durchziehen lassen.

Marinierte Champignons mit Knoblauch

500 g Champignons
2 Knoblauchzehen
1/4 l Wasser
1/4 l Öl
Saft einer Zitrone
8 Pfefferkörner
2 Lorbeerblätter
4 Stiele Thymian
1 TL Salz

Pilze putzen, waschen und in Scheiben schneiden. Knoblauch schälen und hacken Wasser mit dem Knoblauch, Zitronensaft, Öl und den Gewürzen aufkochen und ca. 20 Minuten köcheln lassen. Anschließend die Champignonscheiben im Sud aufkochen und abkühlen lassen. In Gläser füllen und kühl lagern. Vor dem Verzehr mindestens eine Woche durchziehen lassen.

Saure Bohnen

1 kg dicke Bohnen
100 ml Essig-Essenz (25%)
1 l Wasser
1 EL Zucker
1 TL Salz
1 TL Senfkörner
100 g Perlzwiebeln
10 Salbeiblätter

Wasser mit Essigessenz, Zucker, Salz und Senfkörnern aufkochen, Bohnen und Perlzwiebeln hinzufügen und ca. 8 bis 10 Minuten darin köcheln lassen. Dann Bohnen und Zwiebeln durch ein Sieb abgießen (Sud auffangen!), mit den Salbeiblättern in Gläser füllen und den Sud nochmals 5 Minuten aufkochen, heiß über die Bohnen gießen und sofort verschließen.

Ingwerbirnen

2 kg kleine Birnen
1 l Wasser
1/2 EL Salz
1/2 l Wasser
5 EL Essigessenz (25%)
1 kg weißer Kandiszucker
5 Gewürznelken
1 Stück Stangenzimt
1 Stück getrocknete Ingwerwurzel
2 Sternanis

Die Birnen waschen, putzen, schälen, vierteln, vom Kerngehäuse befreien und in Salzwasser einlegen. Einen halben Liter Wasser mit dem Essig, Kandiszucker und den Gewürzen zum Kochen bringen und weiter köcheln lassen, bis sich der Zucker völlig aufgelöst hat. Dann die Birnen portionsweise darin gar kochen. Dabei aufpassen, daß sie nicht zerkochen. Mit einem Schaumlöffel entnehmen und in Gläser füllen. Sud nochmals aufkochen lassen und heiß über die Birnen gießen. Gläser fest verschließen.

Zwetschgen in Balsamico

2 kg Zwetschgen
1 l Balsamicoessig
1/2 l Rotwein
2 EL Salz
8 EL Zucker
2 TL schwarze Pfefferkörner
6 Zweige Rosmarin
1 Bund Thymian

Zwetschgen waschen, halbieren und den Stein entfernen. In einem Topf den Essig, Rotwein, Salz, Zucker und Pfefferkörner aufkochen und weitere 5 Minuten köcheln lassen. Die Zwetschgen mit den Kräutern in die Gläser schichten und den heißen Sud einfüllen. Gläser sofort verschließen und vor dem Verzehr mindestens 3 Tage durchziehen lassen.

Möhren mit Fenchel

1 kg Möhren
1 kg Fenchel
Salzwasser
500 ml Wasser
200 ml Weißweinessig
3 TL Salz
2 TL schwarze Pfefferkörner
125 g Zucker
3 Knoblauchzehen

Möhren und Fenchel putzen, in Scheiben schneiden und getrennt in Salzwasser ca. 8 bis 10 Minuten garen. Mit einem Schaumlöffel in Gläser füllen. Einen Sud aus 500 ml Wasser, Essig, Salz, Pfefferkörnern und Zucker aufkochen lassen. Den gepellten und in Scheiben geschnittenen Knoblauch in die Gläser verteilen und alles mit dem heißen Sud aufgießen. Die Gläser fest verschließen und vor dem Verzehr ca. 3 bis 4 Wochen durchziehen lassen.

Eingelegter Knoblauch (Variante 1)

1 kg Knoblauch, geschält
1/2 l Weißweinessig
1/2 l Weißwein
1 rote Peperoni
1 grüne Peperoni
1 TL Salz
75 g Zucker
1 TL Weiße Pfefferkörner
1 TL Rosmarin
1 Zweig Thymian
Olivenöl

Alle Zutaten außer Olivenöl aufkochen und weitere 3 Minuten köcheln lassen. 24 Stunden durchziehen lassen. Anschließend nochmals aufkochen und weitere 5 Minuten köcheln lassen. In Schraubgläser füllen, etwas abkühlen lassen und 1 cm Olivenöl aufgießen. Fest verschließen und kühl lagern. (Nicht im Kühlschrank!)

Pfifferlinge in Essig

500 g Pfifferlinge
etwas Salz
2 Zwiebeln
4 Knoblauchzehen
2 rote Chilischoten
100 g Staudensellerie
200 ml Weißweinessig
500 ml Wasser
10 schwarze Pfefferkörner
5 Lorbeerblätter
4 TL Zucker
4 Zweige Rosmarin
8 Wacholderbeeren

Pilze putzen, waschen, in Salzwasser blanchieren und über einem Sieb abtropfen lassen. Zwiebeln und Knoblauch pellen und halbieren bzw. vierteln. Chilischoten halbieren und die Kerne entfernen. Sellerie putzen und in dünne Stifte schneiden. Das Gemüse mit den Gewürzen, Essig und Zucker in einem halben Liter Wasser aufkochen und weitere 7 bis 10 Minuten köcheln lassen. Pilze in Gläser füllen und mit dem Gemüsesud auffüllen. Gläser sofort verschließen. Pfifferlinge halten sich so ca. 3 Monate.

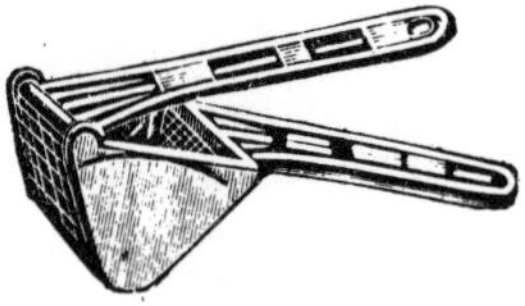

Eingelegter Knoblauch (Variante 2)

40 Knoblauchzehen

1 Schalotte

1 Tasse Rotwein

1 Tasse Rotweinessig

1 Tasse Wasser

1 Lorbeerblatt

Knoblauch schälen, Schalotte vierteln und zusammen mit Wein, Essig, Wasser und Lorbeerblatt aufkochen und bis auf die Hälfte der Flüssigkeit im offenen Topf einkochen lassen. Auskühlen lassen und in Schraubgläser füllen. Fest verschließen und kühl lagern.

Eingelegter Knoblauch (Variante 3)

5 Knollen Knoblauch schälen

1/2 l Weißwein

100 ml Essigessenz

75 g Zucker

2 Chilischoten

1 Zweig Rosmarin

1 Zweig Thymian

8 Gewürznelken

1 TL weiße Pfefferkörner

2 TL Salz

4 EL Öl

Knoblauch mit allen Zutaten in einem Topf ca. 3 Minuten kochen. Anschließend im geschlossenen Topf über Nacht durchziehen lassen. Am nächsten Tag nochmals 5 Minuten kochen und abkühlen lassen. Knoblauch mit dem Sud in Schraubgläser füllen, Öl aufgießen und sofort fest verschließen.

Eingelegter Knoblauch (Variante 4)

1 kg Knoblauchzehen
1 l Weinessig
10 Pfefferkörner
1 TL Senfkörner
4 Wacholderbeeren
1 Lorbeerblatt
8 EL Honig

Knoblauch schälen, Essig mit den Gewürzen aufkochen. Knoblauchzehen im Sud ca. 2 Minuten blanchieren, kalt abschrekken und sofort in die Schraubgläser füllen. Mit dem heißen Sud bedecken und die Gläser fest verschließen. Mindestens 3 Wochen durchziehen lassen.

Chutneys, Relishes, Mixpickles

Apfelchutney

1,5 kg Äpfel
400 g Zwiebel
300 g Sultaninen
300 g zerstoßener brauner Kandis
350 ml Weißweinessig
1 EL gemahlene Senfkörner
1 EL Gewürzmischung
1 TL gemahlener Ingwer
1 TL Cayennepfeffer

Äpfel und Zwiebel schälen, von den Äpfeln das Kerngehäuse entfernen und beide Zutaten grob würfeln. Mit Sultaninen, Kandis, Weißweinessig, Senfkörnern, Gewürzmischung, Cayennepfeffer und dem gemahlenen Ingwer in einen großen Topf geben. Bei mittlerer Hitze etwa 30 Minuten kochen, bis die Flüssigkeit verdampft ist. Dann bei großer Hitze und ständigem Rühren nochmals 10 Minuten kochen, bis ein Mus entstanden ist.
Sofort randvoll in heiß ausgespülte Schraubgläser füllen. Fest verschließen und 5 Minuten auf dem Deckel gewendet stehen lassen.

Apfel-Zwiebel-Chutney

1 l Weißweinessig
400 g Zucker
1 TL Nelkenpulver
1 TL Zimtpulver
1 EL Salz
2 kg Äpfel
500 g Zwiebeln
500 g Rosinen

Weißweinessig mit dem Zucker, Salz und den Gewürzen in einem großen Topf aufkochen. Äpfel schälen und vierteln, Zwiebeln pellen und mit in den Sud geben. Rosinen hinzufügen, mit wenig Hitze zu einem Mus kochen. Dabei oft umrühren, damit das Chutney nicht anbrennt. Sofort randvoll in heiß ausgespülte Schraubgläser füllen. Fest verschließen und 5 Minuten auf dem Deckel gewendet stehen lassen.

Rhabarberchutney

500 g Rhabarber
300 g Erdbeeren
400 g Zwiebeln
800 g brauner Zucker
1/4 l Weißweinessig
1 TL Salz
1 TL gemahlener Koriander
1/4 TL Nelkenpulver

Rhabarber waschen und in ca. 2 cm große Stücke schneiden. Erdbeeren waschen, putzen und vierteln. Zwiebeln pellen und würfeln. Alles zusammen mit Zucker, Essig und Gewürzen zum Kochen bringen. Ca. 1 1/2 Stunden bei mittlerer Hitze einkochen lassen, dabei immer wieder umrühren. Sofort randvoll in heiß ausgespülte Schraubgläser füllen. Fest verschließen und 5 Minuten auf dem Deckel gewendet stehen lassen.

Birnen-Zwiebel-Chutney

1 kg Birnen
300 g Zwiebeln
2 Knoblauchzehen
150 g Backpflaumen
1/8 l Weißweinessig
125 ml Zitronensaft
2 TL gemahlener Koriander
2 TL Pfeffer
1 TL Cayennepfeffer
1 EL frischer Ingwer
2 EL Salz
300 g Gelierzucker 2 : 1

Die Birnen waschen, schälen, vom Kerngehäuse befreien und in kleine Stücke schneiden. Zwiebeln und Knoblauch schälen und hacken. Backpflaumen würfeln. Alle Zutaten mit Essig, Zitronensaft und den Gewürzen mischen und unter Rühren ca. 40 Minuten bei mittlerer Hitze kochen lassen. Den Gelierzucker hinzufügen, nochmals aufkochen und weitere 3 Minuten sprudelnd kochen lassen. Sofort randvoll in heiß ausgespülte Schraubgläser füllen. Fest verschließen und 5 Minuten auf dem Dekkel gewendet stehen lassen.

Aprikosenchutney

250 g Zwiebel
3 EL Olivenöl
1 kg reife Aprikosen
175 g Rohrzucker
150 ml Apfelwein
100 ml Apfelessig
1 Zitrone
1 gehäufter TL Salz
2 Peperoncini (Chilisorte)
1 Stück Ingwerwurzel
1 EL Kurkuma
1 TL Koriander
Pfeffer

Zwiebel fein hacken und in nicht zu heißem Olivenöl glasig dünsten. Aprikosen halbieren, entsteinen, in sehr schmale Spalten schneiden, zu den Zwiebeln geben und kurz mitdünsten. Anschließend den Rohrzucker einstreuen und leicht karamelisieren lassen. Mit Apfelwein und Apfelessig ablöschen. Die restlichen Zutaten beifügen und bei wenig Hitze zu Mus einkochen. Dabei öfter rühren, damit das Chutney nicht ansetzt. Sofort randvoll in heiß ausgespülte Schraubgläser füllen. Fest verschließen und 5 Minuten auf dem Deckel gewendet stehen lassen.

Ananaschutney

1 große Ananas (ca. 500 g Fruchtfleisch)
125 ml Weinessig
250 g Zucker
200 g Schalotten
2 kleine rote Chilischoten
1 Prise Salz

Ananas schälen, das harte Mittelteil herausschneiden, den Rest würfeln und in einen Topf geben. Essig, Zucker, geschälte Schalotten, ganze Chilischoten und Salz hinzufügen und unter ständigem Rühren aufkochen lassen.
Bei sehr geringer Hitze langsam kochen, bis die Masse dick eingekocht ist. Immer wieder umrühren, damit sie nicht anbrennt. Sofort randvoll in heiß ausgespülte Schraubgläser füllen. Fest verschließen und 5 Minuten auf dem Deckel gewendet stehen lassen.

Kürbischutney mit Aprikosen

1 kg gewürfeltes Kürbisfleisch
3 Zwiebeln
200 g getrocknete Aprikosenstücke
1 Stück frische Ingwerwurzel
250 g Sultaninen
1 TL Salz
1 TL Pfefferkörner
1 Zimtstengel
1 Gewürznelke
250 g Rohrzucker
0,7 l Weißweinessig

Ingwer schälen und raspeln. Zwiebeln pellen und fein hacken. Alle Zutaten zusammen in eine Pfanne geben und aufkochen. Bei schwacher Hitze zugedeckt 60 bis 90 Minuten köcheln lassen, d.h. so lange, bis der Kürbis weich und fast alle Flüssigkeit verdunstet ist. Sofort randvoll in heiß ausgespülte Schraubgläser füllen. Fest verschließen und 5 Minuten auf dem Deckel gewendet stehen lassen.

Mais-Tomaten-Chutney

4 Zwiebeln
4 Knoblauchzehen
1/4 l Speiseöl
1 Bund gemischte Kräuter
10 Pfefferkörner
10 Korianderkörner
1/4 l Kräuteressig
4 frische Maiskolben
1 kg reife Tomaten
75 g Zucker
Salz

Zwiebeln und Knoblauchzehen schälen, fein hacken und im Speiseöl glasig braten. Die Kräuter waschen und fein hacken. Pfefferkörner und Koriander grob zerstoßen und mit den Kräutern zu den Zwiebeln geben. Kräuteressig zugießen und alles zugedeckt 30 Minuten köcheln lassen, danach durch ein Sieb passieren.
Maiskolben waschen, die Körner mit einem scharfen Messer abschaben. Tomaten häuten, vierteln, hacken und zusammen

mit den Maiskörnern und dem restlichen Öl zu dem Würzsud geben und ca. 20 Minuten einkochen lassen. 5 Minuten vor Beendigung der Kochzeit mit Zucker und Salz würzen. Sofort randvoll in heiß ausgespülte Schraubgläser füllen. Fest verschließen und 5 Minuten auf dem Deckel gewendet stehen lassen.

Mangochutney

250 g Rosinen
60 g Tamarinde, getrocknet (aus dem Asia-Laden)
6 EL Wasser
6 feste Mangos
1 EL Salz
2 frische Chilis
750 ml Branntweinessig
3 EL geschälte und geriebene frische Ingwerwurzel
2 Knoblauchzehen
350 g brauner Zucker

Die Rosinen über Nacht in Wasser einweichen, vor der Weiterverarbeitung über ein Sieb abgießen.
Mangos schälen und würfeln. In einer Schüssel mit Salz verrühren. 2 Stunden beiseite stellen, anschließend nicht abtropfen lassen.
Ingwerwurzel schälen und reiben. Chili von den Kernen befreien und fein hacken, Knoblauch pressen. Getrocknete Tamarinde in eine Schale geben und 6 EL kochendes Wasser hinzufügen. Eine halbe Stunde einweichen lassen und anschließend durch ein Sieb streichen. Rosinen zusammen mit Branntweinessig, Mangos, Tamarinde, geriebener Ingwerwurzel, gehackten Chilis, gepresstem Knoblauch und Rohrzucker aufkochen und ca. 1 Stunde köcheln lassen, bis die Mischung dick wird. Sofort randvoll in heiß ausgespülte Schraubgläser füllen. Fest verschließen und 5 Minuten auf dem Deckel gewendet stehen lassen.

Quittenchutney

2 kg Quitten
2 Orangen
1 Zitrone
6-8 EL Weißweinessig
200 g Zucker
4 TL Senfpulver

Quitten schälen und teilen. Kerngehäuse entfernen und das Fruchtfleisch in kleine Stücke schneiden. Die Schalen von den Orangen und der Zitrone abreiben, den Saft auspressen. Quittenstücke, geriebene Orangen- und Zitronenschale, Orangen- und Zitronensaft, Weißweinessig, Zucker und Senfpulver in einen Topf geben und gründlich verrühren. Dann unter Rühren zum Kochen bringen und ca. 45 Minuten kochen lassen, bis die Quitten Mus sind. Sofort randvoll in heiß ausgespülte Schraubgläser füllen. Fest verschließen und 5 Minuten auf dem Deckel gewendet stehen lassen.

Quitten-Birnen-Chutney

1 kg Quitten
300 g Zwiebeln
500 g Birnen
1 Limette, ungeschält
20 g Ingwerwurzel
1 TL Salz
400 ml Rotweinessig
100 g Rosinen
1 Prise Nelkenpfeffer
1 Prise Zimt
etwas geriebene Muskatnuß
1 TL Tabasco
650 g brauner Zucker

Quitten schälen und vierteln, Zwiebeln pellen, Birnen schälen und vom Kerngehäuse befreien. Alles in Spalten schneiden. Eine ungeschälte Limette würfeln. Ingwer schälen und reiben. Quitten, Zwiebeln, Birnen, Limette und Ingwer mit Salz, Rotweinessig, Rosinen, Nelkenpfeffer, Zimt, etwas geriebener Muskatnuss und Tabasco ca. 120 Minuten kochen lassen. Dann den

braunen Zucker zugeben und weitere 30 Minuten kochen lassen. Zwischendurch immer wieder umrühren.
Sofort randvoll in heiß ausgespülte Schraubgläser füllen. Fest verschließen und 5 Minuten auf dem Deckel gewendet stehen lassen.

Pflaumenchutney, süßsauer

1100 g Pflaumenfruchtfleisch
1 Stück Ingwer (walnußgroß)
250 g Gemüsezwiebeln
1 TL Koriander
150 ml Sherryessig
1 Prise Salz
350 g Gelierzucker 1 plus 1

Pflaumen waschen, über einem Sieb abtropfen lassen, halbieren, entsteinen und sehr klein würfeln. Ingwer und Zwiebeln schälen und grob hacken. Alle Zutaten in einem großen Topf miteinander vermischen und zum Kochen bringen. Bei mittlerer Hitze und unter ständigem Rühren ca. 10 bis 15 Minuten kochen lassen und abschäumen. Das Chutney randvoll in vorbereitete Gläser füllen, sofort verschließen und 5 Minuten auf dem Deckel gewendet stehen lassen.

Indisches Rhabarberchutney

900 ml Branntweinessig
500 g Zucker
1500 g Rhabarber
10 gepresste Knoblauchzehen
1 TL Cayennepfeffer
2 TL Ingwerpulver
1 EL Senfpulver
1/2 geriebene Muskatnuß
60 g Mandelblättchen

Branntweinessig in einen Topf gießen und den Zucker bei wenig Hitze einrühren, bis er sich gelöst hat.
Rhabarber waschen, putzen und in ca. 2 cm große Stücke schneiden. In die Essig-Zucker-Lösung geben und 20 Minuten sanft garen, bis es zu Mus verkocht ist. Nun die übrigen Zutaten hinzufügen und unter gelegentlichem Rühren etwa 120 Minuten köcheln lassen, bis das Chutney dick und dunkel ist.
Sofort randvoll in heiß ausgespülte Schraubgläser füllen. Fest verschließen und 5 Minuten auf dem Deckel gewendet stehen lassen.

Stachelbeerchutney

1 Glas Stachelbeeren (720 ml)
100 g rote Schalotten
1 rote Chilischote
1 Bund frische Pfefferminze
150 ml Weißweinessig
150 g brauner Zucker
1 EL Senfkörner
5 Pimentkörner

Stachelbeeren über einem Sieb abtropfen lassen. Schalotten schälen und vierteln, Chilischote der Länge nach aufschneiden, die Kerne entfernen, die Schoten waschen und in Ringe schneiden, Pfefferminze in Streifen schneiden.
Stachelbeeren, Schalotten, Chili und die Minze in einem Topf vermengen und mit dem Essig, Zucker, Senf- und Pimentkör-

nern aufkochen und weitere 30 Minuten zu Mus einkochen.
Sofort randvoll in heiß ausgespülte Schraubgläser füllen. Fest verschließen und 5 Minuten auf dem Deckel gewendet stehen lassen.

Sommergemüsechutney

250 g Tomaten
250 g grüne Paprika
250 g rote Paprika
500 g Gemüsegurken
400 g Zwiebeln
300 g Krümelkandis (z.B. von Südzucker)
1/2 TL Salz
350 ml Weinessig
1 Prise Cayennepfeffer
1 Prise grüner Pfeffer
1 Messerspitze scharfer Senf

Die Tomaten blanchieren, kalt abspülen, häuten und in Viertel schneiden. Paprika putzen, vom Kerngehäuse befreien und in Scheiben schneiden. Gurken schälen, halbieren, entkernen und in ca. 1 cm breite Streifen schneiden. Zwiebeln pellen und würfeln. Anschließend alle Zutaten mit dem Krümelkandis und den Gewürzen (außer dem grünen Pfeffer) in einen großen Topf geben und ohne Deckel ca. 30 bis 45 Minuten kochen. Nun den grünen Pfeffer unterrühren und weitere 15 Minuten unter ständigem Rühren köcheln lassen, bis die Masse genügend angedickt ist. Sofort randvoll in heiß ausgespülte Schraubgläser füllen. Fest verschließen und 5 Minuten auf dem Deckel gewendet stehen lassen.

Früchtechutney

300 g säuerliche Äpfel
500 g Aprikosen
2 Birnen
2 Pfirsiche
2 Zwiebeln
125 g Rosinen
1 Stück Ingwerwurzel (walnußgroß)
je 1 Msp. Muskat-, Nelken- und Senfpulver
Schale und Saft von einer Zitrone
Schale und Saft von 2 Orangen
375 ml weißer Weinessig
225 g Einmachzucker
225 g brauner Zucker

Obst waschen, schälen und in Stücke schneiden. Die Zwiebel pellen und hacken Alles zusammen mit den Gewürzen und zwei Dritteln des Essigs unter ständigem Rühren zum Kochen bringen und etwa 1 Stunde köcheln lassen. Dann den restlichen Essig und den Zucker einrühren und bei kleiner Hitze köcheln lassen, bis die Mischung zu Mus eingekocht ist. Sofort randvoll in heiß ausgespülte Schraubgläser füllen. Fest verschließen und 5 Minuten auf dem Deckel gewendet stehen lassen.
Vor Anbruch sechs Wochen kühl und dunkel lagern.

Orangen-Johannisbeer-Chutney

2 Orangen (unbehandelt)
500 g rote Johannisbeeren
300 g Zwiebeln
3 Chilischoten
150 ml Rotwein
150 ml Rotweinessig
1/4 TL Zimtpulver
2-3 Nelken
500 g Gelierzucker 1plus1

Orangen schälen, über einer Schale filetieren (Saft auffangen) und nochmals halbieren. Johannisbeeren waschen und putzen (Stiele entfernen). Zwiebeln pellen und würfeln. Chilischoten waschen, aufschneiden, entkernen und in feine Streifen schneiden. Alle Zutaten in einen großen Topf geben, aufkochen und ca. 7 Minuten kochen lassen. Nelken entfernen. Chutney noch heiß in vorbereitete Gläser füllen, sofort verschließen und 5 Minuten auf dem Deckel gewendet stehen lassen.

Tomaten-Paprika-Chutney

1 kg Tomaten
2 grüne Paprikaschoten
2 rote Paprikaschoten
500 g Zwiebeln
200 g Zucker
5 Gewürznelken
10 Senfkörner
5 Pfefferkörner
Salz
Paprika edelsüß
250 ml Kräuteressig

Tomaten blanchieren, in kaltem Wasser abschrecken, die Haut abziehen und in Würfel schneiden.
Paprikaschoten halbieren, entkernen und waschen. Zwiebeln schälen und vierteln.
Alle Zutaten mit dem Essig in einen Topf geben, zum Kochen bringen und ca. 30 bis 40 Minuten zu Mus dünsten.
Sofort randvoll in heiß ausgespülte Schraubgläser füllen. Fest verschließen und 5 Minuten auf dem Deckel gewendet stehen lassen.

Karottenchutney

1 kg Karotten
2 Zwiebel
30 g gemahlener Koriander
3 TL Salz
1 1/2 TL Pfeffer
2 TL Currypulver
2 TL Ingwer (gerieben)
geriebene Schale von 2 Orangen
100 g Rosinen
500 ml Weißweinessig
700 g Gelierzucker 2:1
80 g gehackte Walnüsse

Karotten waschen, putzen und fein raspeln. Zwiebeln pellen und würfeln. Die geraspelten Karotten mit Koriander, Salz, Pfeffer, Currypulver und Ingwer würzen und mit der abgeriebenen Orangenschale, den Rosinen und Essig vermischen. Über Nacht zugedeckt ziehen lassen.
Am nächsten Tag die gesamte Masse unter ständigem Rühren zum Kochen bringen und bei mittlerer Hitze ca. 60 Minuten kochen lassen. Gelierzucker und die Walnüsse hinzufügen und weitere zehn Minuten kochen lassen. Sofort randvoll in heiß ausgespülte Schraubgläser füllen. Fest verschließen und 5 Minuten auf dem Deckel gewendet stehen lassen.

Apfel-Pflaumen-Chutney

150 g Äpfel
500 g Pflaumen (ohne Steine)
150 g Zwiebeln
100 g Rosinen
100 ml Rotweinessig
1/4 TL Salz
1/4 TL Pfeffer
1/4 TL Ingwerpulver
1/4 TL Pimentpulver
200 g Gelierzucker 2:1

Äpfel schälen, entkernen und kleinschneiden, die Pflaumen vierteln. Zwiebeln pellen und würfeln. Alle Zutaten in einem großen Topf zum Kochen bringen und bei mittlerer Hitze ca. 45 Minuten kochen lassen. Den Gelierzucker hinzufügen und unter ständigem Rühren weitere 5 Minuten köcheln lassen. Sofort randvoll in heiß ausgespülte Schraubgläser füllen. Fest verschließen und 5 Minuten auf dem Deckel gewendet stehen lassen.

Orangenchutney

4 Orangen
4 Äpfel
500 g Birnen
4 EL Sultaninen
400 g brauner Kandis
10 EL Weinessig
2 EL Ingwerpulver
1/2 TL geriebener Muskat
1 Prise Salz

Früchte waschen, schälen, von den Kernen befreien und in kleine Stücke schneiden. Die Sultaninen hinzufügen und mit Kandis, Essig und den Gewürzen unter Rühren zum Kochen bringen. Ca. 40 bis 60 Minuten einkochen lassen. Sofort randvoll in heiß ausgespülte Schraubgläser füllen. Fest verschließen und 5 Minuten auf dem Deckel gewendet stehen lassen.

Zucchini-Birnen-Chutney

600 g Birnen
500 g kleine Zucchini
2 EL Zitronensaft
1/4 l Weißweinessig
1 TL Koriandersamen
1 TL Fenchelsamen
1/2 TL Cayennepfeffer
Schale einer halben unbehandelten Zitrone

Birnen und Zucchini waschen, schälen, entkernen, in Würfel schneiden und mit Zitronensaft und Essig in einem Topf zum Kochen bringen. Die Gewürze hinzugeben und alles bei schwacher Hitze kochen, bis die Masse zu Mus eingekocht ist. Die Zitronenschale in feine Streifen schneiden, zu der Zucchini-Birnen-Masse geben und nochmals 3 Minuten köcheln lassen. Sofort randvoll in heiß ausgespülte Schraubgläser füllen. Fest verschließen und 5 Minuten auf dem Deckel gewendet stehen lassen. Kühl und dunkel lagern.

Mais-Chili-Relish

2 rote Chilischoten
1 grüne Paprikaschote
175 g Maiskörner
2 EL Zucker
1/2 TL Salz
1/2 TL Senfpulver
450 ml Weißweinessig

Die Maiskörner sollten entweder frisch oder tiefgekühlt sein. Mais aus der Dose ist ungeeignet.
Chilischoten und Paprikaschote entkernen, putzen, fein hacken und in einen Topf geben. Maiskörner hinzufügen.
In einer separaten Schüssel Zucker, Salz und Senfpulver mischen und den Essig nach und nach unterrühren. Dann die Mischung mit den gehackten Chili- und Paprikaschoten verrühren. Alles bei mittlerer Hitze zum Kochen bringen und ohne Deckel ca. 15 Minuten köcheln lassen, bis der Mais gerade bissfest ist.

Das Relish abkühlen lassen, in Gläser füllen, verschließen und nicht länger als 5 Tage im Kühlschrank aufbewahren.

Tomaten-Paprika-Relish

500 g grüne und rote Paprikaschoten
250 g Tomaten
125 g Zwiebeln
250 g Zucker
Salz
Ingwerpulver
Cayennepfeffer
Paprika edelsüß
8 Pfefferkörner
125 ml Rotweinessig
1 Packung Einmachhilfe

Tomaten in kochendem Wasser blanchieren, kalt abschrecken und Ansätze entfernen. Paprikaschoten halbieren, entstielen, Kerngehäuse und die weißen Scheidewände entfernen, waschen. Zwiebeln pellen. Das gesamte Gemüse grob zerkleinern und mit den Gewürzen, Zucker, Salz und Essig ca. 45 Minuten dünsten. Etwas abkühlen lassen und im Mixer kurz pürieren. 1 Päckchen Einmachhilfe unterrühren.
Relish in Gläser füllen, völlig abkühlen lassen und verschließen. Nicht länger als ca. 3 Wochen im Kühlschrank aufbewahren.

Zwiebelrelish

1 kg Zwiebeln
400 g rote Paprikaschoten
2 EL Pflanzenöl
1/4 l Weißweinessig
3 TL Salz
3 EL brauner Zucker
1 TL Paprikapulver, edelsüß
2 EL Grüner Pfeffer
Senf

Zwiebeln pellen und würfeln. Paprikaschoten halbieren, Kerngehäuse und die weißen Scheidewände entfernen, waschen und würfeln. Das Öl in einem Topf erhitzen und die Zwiebel- und Paprikawürfel darin andünsten. Essig, Salz, braunen Zucker und Paprikapulver unterrühren und abgedeckt ca. 60 Minuten köcheln lassen. Grünen Pfeffer untermengen (einen ELgrünen Pfeffer zerdrücken). Heiß in Gläser füllen, verschließen und nicht länger als 4 Wochen im Kühlschrank aufbewahren.

Auberginen-Paprika-Relish

600 g Aubergine
600 g Paprikaschote, rot
600 g Porree
300 ml Kräuteressig
450 ml Weißwein
600 g Gelierzucker 3:1
1 1/2 TL Senfkörner
Pfeffer, Salz
Basilikum
Paprikapulver, scharf

Auberginen waschen, trocknen, Enden abschneiden und würfeln. Paprika halbieren, Stiel, Kerngehäuse und weiße Scheidewände entfernen, waschen, mit Küchenkrepp abtrocknen und würfeln. Porree putzen, waschen, der Länge nach vierteln und kleinschneiden. Das Gemüse mit Essig, Wein, Gelierzucker und Senfkörnern aufkochen und unter gelegentlichem Umrühren weitere 5 bis 8 Minuten köcheln lassen. Nun das Relish mit den Gewürzen abschmecken, heiß und randvoll in

Schraubgläser füllen, sofort verschließen und umgedreht ca. 5 Minuten stehen lassen.

Zucchinirelish

750 g Zucchini
250 g Zwiebeln
1 EL grobes Salz
200 g Honig
1/4 l Weißweinessig
1 EL mittelscharfer Senf
1 EL Curry
1 TL Paprikapulver, edelsüß
1/2 TL Cayennepfeffer

Die Zucchini waschen, Stiel- und Blütenansatz entfernen und in Würfel schneiden. Die Zwiebeln pellen und hacken. Beides mit dem Salz mischen und in einer Schüssel über Nacht zugedeckt ziehen lassen. Am nächsten Tag in einem Topf mit Honig und Essig aufkochen und weitere ca. 45 Minuten köcheln lassen. Gelegentlich umrühren. Dann die Gewürze hinzufügen und nochmals 10 Minuten köcheln lassen. Das Relish heiß in Schraubgläser füllen, sofort verschließen und umgedreht ca. 5 Minuten stehen lassen. Vor dem Verzehr ca. 3 Wochen ruhen lassen. Kühl und dunkel lagern.

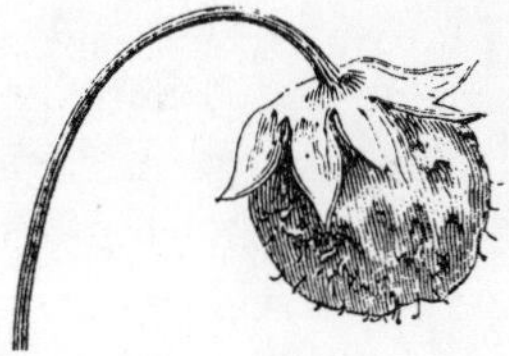

Gemüserelish

1 kg feste Tomaten
2 Stangen Staudensellerie
8 grüne Paprika
1500 g Zwiebeln
12 Knoblauchzehen
2 Stück frischer Meerrettich
3/4 l Rotweinessig
350 g Zucker
1 TL Senfkörner
1 TL Pfeffer schwarz (grob gestoßen)
3 TL Salz

Tomaten waschen und hacken. Paprika, Chilischoten und Sellerie putzen, Strunk und Stiele entfernen, waschen und würfeln. Zwiebeln pellen und hacken. Knoblauchzehen pellen und mit etwas Salz pressen. Meerrettich schälen und hobeln. Gemüse mit Essig, Zucker und Salz vermischen und über Nacht durchziehen lassen.
Dann alles aufkochen lassen und unter ständigem Rühren 5 Minuten sprudelnd kochen. Hitze zurücknehmen, Senfkörner und Pfeffer hinzufügen und ca. 30 bis 40 Minuten köcheln lassen, bis eine dickliche Paste entstanden ist. Nochmals mit Salz und Pfeffer pikant abschmecken, heiß in Schraubgläser abfüllen, sofort verschließen und umgedreht ca. 5 Minuten stehen lassen.

Sellerie-Tomaten-Relish

500 g Tomaten
2 rote Paprika
3 Sellerie
200 ml Weinessig
140 g Zucker
2 TL Salz
1/2 TL Senfpulver
1/2 TL Pfeffer
1/2 TL Zimt
1/2 TL Selleriesalz

Paprika putzen, Kerne und weiße Scheidewände entfernen, waschen und in Würfel schneiden. Sellerie putzen, waschen und in Würfel schneiden. Tomaten blanchieren, kalt abschrecken und häuten. Aus den übrigen Zutaten einen Sud herstellen, aufkochen und weitere 5 Minuten köcheln lassen. Tomaten, Paprika und Sellerie in den Sud geben und aufkochen lassen. Hitze zurücknehmen und ca. 40 Minuten köcheln lassen, bis eine dickliche Paste entstanden ist. Zwischendurch immer mal wieder umrühren. Heiß in Schraubgläser abfüllen, sofort verschließen und umgedreht ca. 5 Minuten stehen lassen.

Mixed Pickles

250 g Möhren
1 Stange Staudensellerie
100 g Schalotten
200 g Blumenkohlröschen
100 g kleine Champignonköpfe
1/4 l Weißweinessig
Salz
2 EL Zucker
1 TL ganze Nelken
1 TL Koriandersamen
1 EL Senfkörner

Das Gemüse putzen und waschen. Die Möhren schälen und ebenso wie den Staudensellerie in dünne Scheiben schneiden. Die Schalotten abziehen und in Ringe schneiden. Das gesamte Gemüse in reichlich kochendem Salzwasser 5–7 Minuten garen. Dann abgießen und heiß in die Schraubgläser füllen. Essig mit 1/4 l Wasser, Salz, Zucker und den Gewürzen zum Kochen bringen. Den Sud kochend heiß über das Gemüse gießen und dann die Gläser gut verschließen. Am nächsten Tag die Flüssigkeit abgießen, aufkochen und abgekühlt wieder über das Gemüse gießen. Gut verschlossen mindestens 1–2 Wochen vor dem Verzehr durchziehen lassen.

Essig mit besonderem Aroma

Estragonessig

200 g Estragonblätter
50 g Zitronenmelisse
6 Schalotten
4 Lorbeerblätter
7 Nelken
1 EL weißer Pfeffer
1 l Weißweinessig
4 Stengel Estragon

Estragonblätter und Zitronenmelisse waschen und abtrocknen. Zusammen mit den gehackten Schalotten und den übrigen Zutaten (außer den Estragonstengeln) in ein Glasgefäß geben. Mindestens 2 Tage an einem warmen, hellen Ort durchziehen lassen. Danach durch ein Leintuch abseihen und die Gewürze gut auspressen. In Flaschen füllen und je einen Stengel frischen Estragon hineingeben. Verkorken und kühl lagern.

Dillessig

1 Bund Dill
1 l Weinessig
1/2 TL Salz

Essig mit Dill und Salz erhitzen, aber nicht kochen. Abkühlen lassen, in eine Flasche füllen und verkorken.

Liebstöckelessig

2 Zweige Liebstöckel
100 ml Essigessenz
200 ml Weisswein
200 ml Wasser

Liebstöckelzweige in eine Flasche geben, mit Essigessenz, Wein und Wasser übergießen, verkorken und 2 Wochen ziehen lassen.

Zwetschgenessig

250 g Zwetschgen
1 Stück Sternanis
1 Stück Zimtstange
300 ml Obstessig

Die Zwetschgen waschen, rundherum mit einer Gabel einstechen und in ein Glas geben. Mit Obstessig übergießen und Sternanis und Zimtstange hinzufügen. An einem warmen, hellen Platz ca. 2 Wochen gut durchziehen lassen. Dann den Essig abseihen und in eine Flasche mit Schraubdeckel füllen. Kühl lagern.

Erdbeeressig

125 g kleine, reife Erdbeeren
1 Zweig Zitronenmelisse
1 TL weiße Pfefferkörner
325 ml Weißweinessig

Erdbeeren waschen, putzen, vierteln und mit der Zitronenmelisse in ein Glas geben. Pfefferkörner zerstoßen und mit dem Essig zu den Erdbeeren geben. Glas fest verschließen und 3 Tage kühl lagern, bis sich der Essig rot verfärbt. Den Essig abseihen, die Erdbeeren mit einer Gabel zerdrücken und den Saft auffangen. Erdbeersaft und Essig verrühren und nochmals abseihen. Dann den Essig in eine Flasche füllen und zur Deko einige kleine Erdbeeren beifügen. Fest verschließen und kühl lagern.

Beerenessig

100 g gemischte Beeren
100 ml Rote Essigessenz (25%)
200 ml Rotwein
200 ml Wasser

Beeren waschen, leicht zerdrücken und in einem verschlossenen Glas mit Essigessenz, Wein und Wasser 14 Tage ziehen lassen. Dann den Ansatz durch ein feines Sieb gießen, in eine Flasche füllen und verkorken.

Kirschessig

250 g Sauerkirschen
200 ml Rotwein
50 ml Portwein
50 ml Wasser
75 ml Essigessenz
1 Stange Zimt
Schale von einer Zitrone

Kirschen, Rotwein, Wasser, Zimt und Zitronenschale aufkochen und abkühlen lassen. Essigessenz und Portwein unterrühren und nochmals aufkochen. Erneut abkühlen lassen, Zitronenschale und Zimt entfernen. Alles in ein Glas füllen und 3 Wochen durchziehen lassen. Dann den Essig abseihen und in Flaschen füllen.

Sherryessig

1 Quitte
100 ml Essigessenz (25%)
50 ml halbtrockener Sherry
350 ml Wasser

Quitte schälen, das Kerngehäuse entfernen und das Fruchtfleisch würfeln. Mit Essigessenz, Sherry und Wasser in einem verschließbaren Gefäß ansetzen. 14 Tage durchziehen lassen. Durch ein feines Sieb abseihen, in eine Flasche füllen und verkorken.

Lindenblütenessig

3 l Obstessig
125 g frische Lindenblüten
120 g Bienenhonig
geriebene Schale von 2 Zitronen

Den Obstessig aufkochen, heiß über die Lindenblüten gießen und den Bienenhonig unterrühren. Zum Schluss die geriebenen Zitronenschalen hinzufügen und alles abgedeckt ca. 3 Wochen ziehen lassen. Durch ein feines Sieb abseihen, in eine Flasche füllen und verkorken.

Zitronenessig

3 EL Zitronensaft
1/8 l Tafelessig
dünn abgeschälte Schale einer Zitrone

Zitrone gründlich waschen, abtrocknen, dünn schälen und den Saft auspressen. Schale, Saft und Tafelessig mischen. Fest verschließen. Kühl und dunkel lagern. Vor dem ersten Gebrauch ca. 14 Tage ziehen lassen.

Basilikumessig

2 Bund Basilikum
1 l Weinessig

Basilikum behutsam abspülen, trockentupfen, in ein Glas geben, Essig auffüllen und fest verschließen.
Den Essig mindestens 14 Tage gut gekühlt stehenlassen (Essig färbt sich rot), filtern, in vorbereitete Flaschen füllen, verschließen und kühl aufbewahren.

Knoblauchessig

1 l Branntweinessig
1 Knolle Knoblauch

Branntweinessig in ein großes Einmachglas geben. Knoblauch schälen, hacken und zu dem Essig geben. Gut verschließen und etwa 3 Wochen an einem trockenen, dunklen Ort ruhen lassen. Danach den Essig abseihen und in eine Glasflasche füllen. Knoblauchessig schmeckt besonders lecker an Tomatensalaten.

Kräuteressig

2 TL schwarze Pfefferkörner
2 Stengel Basilikum
2 Stengel Rosmarin
2 Stengel Thymian
2 Stengel Oregano
100 ml Essigessenz (25%)
200 ml trockener Weißwein
200 ml Wasser

Basilikum, Rosmarin, Thymian, Oregano und Pfefferkörner grob zerkleinern und mit Essigessenz, Weißwein und Wasser in einem verschlossenen Glas 2 Wochen ziehen lassen. Dann abseihen, in eine Flasche füllen und etwas frischen Thymian hinzugeben. Fest verschließen und kühl und dunkel lagern.

Aromatisierte Öle

Kräuteröl (Variante 1)

2 Stiele Thymian
2 Stiele Salbei
2 Stiele Rosmarin - eventuell auch die Blüten
2 Blätter Borretsch
2 Lorbeerblätter
2 Knoblauchzehen
1 EL Pfefferkörner
1 l Olivenöl

Thymian, Salbei, Rosmarin, Borretsch und die Lorbeerblätter waschen und trockentupfen. Knoblauchzehen schälen und in Scheiben schneiden. Kräuter, Knoblauch und Pfefferkörner in Flaschen füllen und mit 1 l Olivenöl aufgießen. Flaschen fest verschließen und ca. 14 Tage ziehen lassen.

Kräuteröl (Variante 2)

2 Knoblauchzehen
1 l Olivenöl
1 EL Rosmarin
1 EL Thymian
1 EL Bohnenkraut
1 EL Majoran
1 TL Pfefferkörner

Knoblauch schälen, in dünne Scheiben schneiden und zusammen mit allen Gewürzen und Öl ca. 14 Tage gut durchziehen lassen. Danach das Öl durch ein feines Sieb gießen, in Flaschen abfüllen und mit einem Korken verschließen.

Kräuteröl (Variante 3)

3 Stiele Salbei

2 Stiele Oregano

1 Stiel Rosmarin

4 Knoblauchzehen

3/4 l Sonnenblumenöl

Kräuter waschen und trockenschütteln. Knoblauch schälen und halbieren. Alles zusammen in eine Flasche geben, mit dem Sonnenblumenöl aufgießen und mit einem Korken verschließen. Mindestens 8 Tage an einem dunklen, trockenen Ort ruhen lassen.

Kräuteröl (Variante 4)

4 Knoblauchzehen

3 Stiele Majoran

1 grüne Pfefferrispe

1/4 l Sonnenblumenöl

Knoblauch schälen, Majoran waschen und trockenschütteln. Zusammen mit der Pfefferrispe in eine Flasche geben und das Öl aufgießen. Die Flasche mit einem Korken verschließen und mindestens 14 Tage an einem dunklen, trockenen Ort ruhen lassen.

Basilikumöl

1 Bund Basilikum

1/2 l Olivenöl

Die Basilikumblätter waschen und abtrocknen. In eine kleine Flasche geben und mit Olivenöl bedecken. Die Flasche mit einem Korken verschließen und mindestens 14 Tage an einem dunklen, trockenen Ort ruhen lassen.

Basilikum-Zitronen-Öl

1 unbehandelte Zitrone
1 gelbe Chilischote
3 Knoblauchzehen
1 Töpfchen Basilikum
600 ml Olivenöl

Zitrone gründlich waschen, trockenreiben und spiralförmig schälen. Chilischote waschen, trockentupfen, mit dem Messer einritzen, die Kerne entfernen und in Ringe schneiden. Knoblauch schälen und in Scheiben schneiden. Basilikumblätter abzupfen, waschen und trockentupfen. Alle Zutaten in eine Flasche füllen, mit Olivenöl aufgießen und fest verschließen. Vor dem Gebrauch ca. 14 Tage durchziehen lassen.

Nußöl

100 g Pistazienkerne
250 g Walnußkerne
3/4 l Sonnenblumenöl

Nüsse hacken und in einer Pfanne ohne Zugabe von Fett rösten. In eine Flasche füllen und mit Sonnenblumenöl aufgießen. Die Flasche mit einem Korken verschließen und mindestens 14 Tage an einem dunklen, trockenen Ort ruhen lassen.

Limettenöl

1 rote Chilischote
1 grüne Chilischote
2 Rosmarinzweige
2 Stiele Thymian
1 Limette
700 ml Olivenöl

Kräuter waschen und auf Küchenkrepp trocknen. Limette waschen und in Scheiben schneiden. Alle Zutaten in eine Flasche füllen und mit Olivenöl aufgießen. Die Flasche mit einem Korken verschließen und mindestens 14 Tage an einem dunklen, trockenen Ort ruhen lassen.

Estragonöl

1 Töpfchen Estragon
3 TL Senfkörner
1 l Rapsöl

Estragonblätter von den Stielen zupfen, waschen und trockentupfen. Zusammen mit den Senfkörnern in eine Flasche geben, Rapsöl aufgießen und verkorken. An einem dunklen Ort 3 Wochen ziehen lassen.

Rosmarinöl

1 großer Rosmarinzweig
2 TL Pimentkörner
1 l Rapsöl

Rosmarin waschen und mit Küchenkrepp trockentupfen. Zusammen mit den Pimentkörnern in eine Flasche geben und Rapsöl dazugießen. Drei Wochen an einem dunklen Ort ziehen lassen.

Steinpilzöl

30 g getrocknete Steinpilze
2 TL grobes Meersalz
2 TL Wacholderbeeren
1 l Rapsöl

Steinpilze mit Meersalz und Wacholderbeeren in eine Flasche geben. Rapsöl zufügen und verkorken. An einem dunklen Ort 3 Wochen ziehen lassen.

Salbei-Knoblauch-Öl

1 Zweig Salbei
1/8 l Pflanzenöl
6 halbierte Knoblauchzehen

Salbei und halbierte Knoblauchzehen in eine Flasche geben, Olivenöl darübergießen und fest verschließen. Kühl und dunkel lagern. Vor dem ersten Gebrauch ca. 14 Tage ziehen lassen.

Chiliöl

12 EL Öl
20 frische Chilis

6 EL Öl in kleinem Topf erhitzen. Chilis hinzufügen und alles langsam rösten, bis das Öl dunkelrot geworden ist. Durch ein Sieb filtern, in kleine Schraubgläser füllen und im Kühlschrank aufbewahren (hierzu eignen sich kleine Kapperngläser mit Schraubdeckel recht gut).
Vorsicht! Hände sofort waschen, wenn sie mit den Chilis in Berührung gekommen sind, da es zu Hautreizungen kommen kann.

Knoblauchöl

1 Flasche Olivenöl
2 Thymianzweige
8 Knoblauchzehen

Knoblauchzehen schälen, halbieren und mit den Thymianzweigen in eine Flasche geben. Mit einer Flasche Olivenöl auffüllen. Die Flasche gut verschließen und kühl und dunkel lagern.

Eingelegter Käse

Eingelegter Käsemix

500 g Harzer Roller (4 Rollen à 125 g)
400 g Schafskäse
2 Knoblauchzehen
100 g rote Zwiebeln
100 g weiße Zwiebeln
1/2 Bund Petersilie
1 TL Kümmel
2 grüne Pfefferschoten
3/4 l Öl
1 1/2 EL Essigessenz (25%)

Harzer Roller in Scheiben schneiden, Schafskäse würfeln. Knoblauch und Zwiebeln pellen und in Ringe schneiden. Blätter von der Petersilie abzupfen. Alle Zutaten mit Kümmel und Pfefferschoten in ein Schraubglas schichten. Öl mit Essigessenz gut verrühren und über den Käse gießen, bis er völlig bedeckt ist. Glas verschließen und einige Tage im Kühlschrank durchziehen lassen.

Eingepackte Mozzarellakugeln

10 Mozzarellakugeln
2 EL Zitronensaft
2 Knoblauchzehen
2 TL eingelegte Pfefferkörner
500 g Lauch
Wasser
Salz
1 Topf Basilikum
1 rote Peperoni
1 unbehandelte Zitrone
2 Knoblauchzehen
Olivenöl

Mozzarellakugeln über ein Sieb abtropfen lassen, dann in eine Schüssel geben und mit Zitronensaft beträufeln. Pfefferkörner hinzufügen und mehrere Stunden durchziehen lassen.
Lauch putzen, vorsichtig die Blätter lösen und kurz (höchstens 2 Minuten) in Salzwasser blanchieren. In Eiswasser abschrecken und abtropfen lassen. 3 Lauchblätter in ca. 12 cm lange, schmale Streifen

und den Rest in ca. 10 cm lange Stücke schneiden.
2 Lauchstreifen über Kreuz auf die Arbeitsplatte legen und in die Mitte eine Mozzarellakugel geben. Basilikumblätter abzupfen, waschen und auf Küchenkrepp trocknen. Jeweils 2 Basilikumblätter auf die Kugel legen und die Lauchstreifen sehr vorsichtig verknoten. Peperoni waschen, putzen, halbieren und entkernen. Zitrone heiß waschen, trockenreiben und in Scheiben schneiden. Knoblauchzehen schälen und halbieren. Käsepäckchen mit den Gewürzen und den übrigen Zutaten in ein Schraubglas schichten. Alles mit Olivenöl auffüllen, bis die Käsepäckchen völlig bedeckt sind. Im Kühlschrank ca. 1 1/2 Wochen haltbar, sind die Käsepäckchen ein ideales Geschenk für die Grillparty.

Eingelegter Ziegenkäse

6 kleine Ziegenkäse (je 50 g)
1 Zweig Rosmarin
3 Zweige Thymian
2 Lorbeerblätter
3 Pimentkörner
20 eingelegte grüne Pfefferkörner
1/2 l Olivenöl

Den Ziegenkäse mit Kräutern und allen Gewürzen in ein Schraubglas schichten und mit Olivenöl begießen, bis der Käse völlig bedeckt ist. Fest verschließen und an einem kühlen Ort mindestens 7 Tage durchziehen lassen.

Eingelegter Schafskäse

500 g Feta-Schafskäse
100 g schwarze Oliven
1 TL schwarze Pfefferkörner
1 Zweig Rosmarin
1 Zweig Thymian
2 Lorbeerblätter
2 getrocknete Chilischoten
3 Knoblauchzehen
1/2 l Olivenöl
14 EL Zitronensaft

Schafskäse in Würfel schneiden und mit den Oliven in ein Schraubglas legen. Pfefferkörner, Kräuter und Chilischoten vorsichtig untermengen. Knoblauch schälen, halbieren und im Glas verteilen. Olivenöl mit Zitronensaft verrühren und alles übergießen, bis der Käse völlig bedeckt ist. Glas fest verschließen, kühl stellen (möglichst nicht im Kühlschrank) und mindestens 3 Tage durchziehen lassen.

Eingelegter Camembert

2 Camembert
1 Zwiebel
10 Pfefferkörner
5 Chilischoten
1 Salbeizweig
1 rote Paprikaschote
1 grüne Paprikaschote
100 ml Weinessig
1/4 l Sonnenblumenöl

Camembert quer duchschneiden. Die Hälften in ein Schraubglas geben. Zwiebel pellen und in Spalten schneiden. Paprika putzen, halbieren, Kerngehäuse und weiße Scheidewand entfernen und in Streifen schneiden. Alle Zutaten zum Camenbert geben und mit Weinessig und Sonnenblumenöl aufgießen, bis alles bedeckt ist. Fest verschließen und ca. 3 Tage durchziehen lassen. Kühl, aber nicht im Kühlschrank aufbewahren.

Eingelegter Mozzarella mit Tomaten

125 g rote Kirschtomaten

125 g gelbe Kirschtomaten

3 EL Weißweinessig

1 Bund Basilikum

1 Rosmarinzweig

125 g Mozzarellakugeln

1 EL Pfefferkörner

1/4 l Öl

1/4 l Wasser

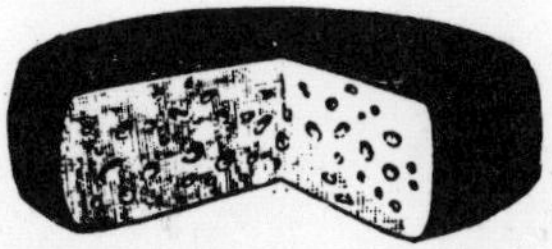

Von den Tomaten den Stielansatz entfernen, in Essigwasser aufkochen und ca. 2 Minuten dünsten. Über ein Sieb abtropfen lassen.

Basilikum und Rosmarin waschen, trokkentupfen und die Blättchen abzupfen. Mozzarella mit Tomaten, Kräutern und Pfeffer in ein Glas füllen. Mit Öl auffüllen, bis alle Zutaten bedeckt sind. Dann geschlossen und kühl 2 bis 3 Tage ziehen lassen.

Früchte, in Alkohol eingelegt

Curaçao-Orangen

8 Orangen
500 g Zucker
ca. 700 ml Curaçao

Orangen schälen, das Fruchtfleisch filetieren, entkernen und mit dem Zucker in Gläser schichten. Mit Curaçao übergießen, bis die Früchte bedeckt sind, verschließen und kühl stellen. Haltbar ca. einen Monat!

Rumquitten

1 kg Quitten
500 g Zucker
ca. 700 ml Rum

Quitten dünn schälen, vierteln, entkernen und in 2 cm dicke Schnitze schneiden. Alles mit Zucker vermengen und im Backofen bei 175 Grad ca. 40 bis 50 Minuten garen. Abkühlen lassen, dann in Gläser schichten und mit Rum übergießen, bis die Früchte bedeckt sind. Sofort verschließen und kühl lagern. Schmeckt gut als Dessert mit Schlagsahne oder als Beilage auf Eierpfannkuchen.

Melone in Weißwein

2 kg Melone
1 1/2 l Weißwein
1 kg Zucker
3 TL Nelken
3 Zimtstangen
Schale einer Zitrone

Melone halbieren, entkernen und das Fruchtfleisch in Würfel schneiden. Mit Weißwein übergießen und eine Nacht durchziehen lassen. Am nächsten Tag den Wein abseihen. Weißweinsud, Zucker und restliche Zutaten aufkochen. Die Fruchtstücke in Gläser füllen und mit dem heißen Sud bedecken. Verschließen und kühl lagern. Melone in Weißwein ist eine köstliche Erfrischung für heiße Sommertage und sollte vor dem Verzehr einige Stunden im Kühlschrank gelagert werden.

Wodkakirschen

1 kg Sauerkirschen
1 l Wodka
250 g weißer Kandiszucker

Die Kirschen putzen, waschen und abtropfen lassen. Kirschen schichtweise im Wechsel mit Kandiszucker in Gläser geben und mit Wodka übergießen, bis die Kirschen bedeckt sind. Die Gläser verschließen und mindestens 8 Wochen kühl ruhen lassen.

Trauben in Korn

1 kg Weintrauben
1 l Korn
1 EL kandierte Angelika
200 g Zucker
1/4 l Wasser

Die Beeren verlesen, waschen, abtropfen lassen und in eine Schüssel geben. Vollständig mit Korn übergießen. Die kandierte Angelika mit Wasser und Zucker zu einem Sirup kochen, erkalten lassen und in die Alkoholfrüchte einrühren. Alles in Gläser füllen, verschließen und kühl lagern.

Pfirsich in Gin

1 kg Pfirsiche
375 g Zucker
ca. 1 l Gin

Die Pfirsiche blanchieren, unter kaltem Wasser abschrecken, häuten und halbieren. Den Stein lösen und die Früchte mit Zucker in eine Schüssel geben. Ca. 24 Stunden ruhen lassen. Dann die Pfirsichhälften in Gläser füllen, mit Gin übergießen, verschließen und an einem kühlen Ort 4 Wochen durchziehen lassen.

Birnen in Portwein

1 kg Birnen
1/2 l Portwein
1,5 kg Zucker
1/2 TL Zimt
1 Stange Vanille
4 Nelken
1/4 l Korn

Birnen waschen, schälen, halbieren und vom Kernhaus befreien. In einem Topf den Rotwein und Zucker zu einem dicklichen Sirup kochen. Die halbierten Birnen hineingeben und ca. 8 bis 10 Minuten gar kochen. Die Früchte mit einem Sieblöffel entnehmen und in Gläser füllen. Den Sirup etwas abkühlen lassen, Korn unterrühren und über die Birnen geben, bis sie bedeckt sind.

Beschwipste Himbeeren mit Melone

1 Orangenmelone

150 g Himbeeren

250 g Zucker

3/8 l Wasser

1/4 l Himbeergeist

Melone abwaschen und längs in schmale Streifen schneiden, Kerne entfernen und sehr dünn die Schale abschneiden. Himbeeren waschen und verlesen. Melonenstreifen senkrecht in Gläser stellen, Zwischenräume mit den Himbeeren ausfüllen. Wasser und Zucker aufkochen, etwas abkühlen lassen, über die Früchte gießen und mit Himbeergeist auffüllen, bis die Früchte bedeckt sind. Gläser verschließen, kühl und dunkel aufbewahren.

Pflaumen in Rotwein

1/2 l Rotwein

1/4 l Essig (5%)

750 g Zucker

1 1/2 kg Pflaumen

1 Stück Zimtrinde

6 Nelken

Rotwein mit Zucker und Essig aufkochen. Abschäumen! Pflaumen waschen und in dem Essig-Rotwein-Sud portionsweise garen. Mit einem Schaumlöffel in angewärmte Gläser füllen. Gewürze dem Sud beifügen und ca. 10 Minuten einkochen lassen. Vom Herd nehmen, abkühlen lassen und über die Pflaumen gießen. Fest verschließen, kühl und dunkel aufbewahren.

Feurige Weintrauben

3 kg blaue Weintrauben
1/4 l Weinessig
1/4 l Rotwein
750 g Zucker
1/4 l Weinbrand

Die gewaschenen und verlesenen Trauben mit dem Rotwein, Essig und Zucker aufkochen. Sofort in angewärmte Gläser füllen und mit Weinbrand übergießen. Fest verschließen, kühl und dunkel aufbewahren.

Pflaumen in Whiskey

1 kg Pflaumen
500 g Zucker
Whiskey

Pflaumen waschen, seitlich einschneiden und den Stein lösen. In einer Schüssel mit dem Zucker vermischen und über Nacht durchziehen lassen. Am nächsten Tag in Gläser füllen und mit dem Whiskey aufgießen, bis die Früchte bedeckt sind. Vor dem Verzehr 14 Tage ziehen lassen, kühl und dunkel lagern.

Erdbeeren mit Kiwi in Rum

1,5 kg Erdbeeren
6 Kiwis
1 l Rum (54%)
500 g Zucker

Erdbeeren waschen, putzen und abtropfen lassen. Kiwis schälen und quer in dünne Scheiben schneiden. Früchte in die Gläser schichten. Zucker mit dem Rum vermischen und über die Früchte gießen, bis sie völlig bedeckt sind. Fest verschließen und kühl und dunkel aufbewahren.

Maraschinokirschen

2 kg Sauerkirschen
2 kg Zucker
2 1/2 Vanilleschoten
1 1/2 l Maraschino
1 l Kirschwasser (41%)

Kirschen waschen, entsteinen, in eine Schüssel geben und mit Zucker vermischen. Abgedeckt mit einem Teller 24 Stunden an einem kühlen Ort durchziehen lassen. Dann die Kirschen samt Saft kurz aufkochen, in Gläser füllen und abkühlen lassen. Vanilleschote der Länge nach aufschneiden, halbieren und in die Gläser verteilen. Maraschino mit dem Kirschwasser mischen und die Kirschen damit begießen, bis sie völlig bedeckt sind. Fest verschließen, kurz durchschütteln, kühl und dunkel lagern.

Falscher Rumtopf

250 g Erdbeeren
250 g Himbeeren
150 g rote Johannisbeeren
350 g Zucker
1 l Doppelkorn

Alle Früchte verlesen und waschen. Über einem Sieb abtropfen lassen. In einer Schüssel vorsichtig mit dem Zucker vermengen, in Gläser füllen und den Korn aufgießen, bis die Früchte bedeckt sind. Gut verschließen und bis zum Herbst kühl stellen.

Weinbrandpflaumen

1 kg reife Pflaumen
500 g Zucker
Zimtrinde
1 1/2 l Weinbrand

Pflaumen waschen und mehrmals einstechen, mit dem Zucker mischen und über Nacht durchziehen lassen. Dann die Pflaumen in Gläser geben, Zimt hinzufügen und mit Weinbrand bedecken. Alles verschließen, kühl und dunkel lagern. Vor dem Verzehr mindestens 4 Wochen durchziehen lassen.

Grappakirschen

1 kg Sauerkirschen
1 kg Zucker
ca. 800 ml Grappa

Kirschen waschen, gegebenenfalls Stiele und Blätter entfernen, mehrfach einstechen und mit Zucker bestreuen. Über Nacht durchziehen lassen. Grappa auffüllen, behutsam umrühren und in Gläser füllen. Kühl und dunkel lagern. Schmeckt besonders gut zum Espresso.

Orangen in Cognac

1 kg Orangen
1 kg Zucker
8 Nelken
1 l Cognac

Orangen waschen und abtrocknen. Ungeschälte Orangen quer zur Faser in Scheiben schneiden und im Wechsel mit Zucker und Nelken in Gläser schichten. Anschließend mit Cognac auffüllen, bis die Früchte gut bedeckt sind. Fest verschließen, kühl und dunkel aufbewahren.

Stachelbeeren in Rum

1 kg Stachelbeeren
1 kg Zucker
1/2 l Wasser
2 Stangen Zimt
1 l Weißer Rum

Stachelbeeren waschen und putzen. Zukker mit Wasser aufkochen, die Stachelbeeren in die heiße, aber nicht mehr kochende Flüssigkeit geben und die Zimtstangen hinzufügen. 12 Stunden durchziehen lassen, dann die Stachelbeeren mit dem Zuckersud bis zu 3/4 der Höhe in Gläser füllen. Das restliche Viertel wird mit Rum aufgegossen. Gläser fest verschließen und durchschütteln, damit sich die Flüssigkeiten vermischen. Kühl und dunkel aufbewahren.

Weinbrandaprikosen

1 kg Aprikosen
2 EL Zitronensaft
250 g Zucker
25 g kandierter Ingwer
1/2 l Weinbrand

Aprikosen in kochendem Wasser blanchieren, kalt abschrecken und enthäuten. In einer Schüssel Zitronensaft, Zucker und Aprikosen mischen. Über Nacht zugedeckt durchziehen lassen. Ingwer sehr fein würfeln, zusammen mit den Früchten in Gläser schichten und mit dem Weinbrand bedekken. Vor dem Verzehr mindestens 4 bis 6 Wochen kühl und dunkel lagern.

Liköre

Früchtelikör

1/2 l Himbeersaft
1/2 l Kirschsaft
1/2 l roter Johannisbeersaft
1/2 l schwarzer Johannisbeersaft
1/2 TL Zimt
2 Gewürznelken
1/4 TL Koriander
1,5 kg Zucker
2 l Branntwein

Säfte, Gewürze und Branntwein in ein Gefäß gießen. 14 Tage abgedeckt stehen lassen. Zucker hinzufügen. Nochmals 3 Tage stehen lassen, abfiltern und in Flaschen füllen. Gut verschließen.

Schlehenlikör

200 g reife Schlehen
150 g weißer Kandis
1 Vanillestange
1 Flasche Korn

Alle Zutaten in ein großes Gefäß füllen. Zum Schluss den Korn aufgießen. Gut und dicht verschließen. 8 Wochen ruhen lassen. Abfiltern, in Flaschen gießen und gut verschließen.

Kirschlikör

200 g reife Sauerkirschen
200 g weißer Kandis
1 Nelke
1 Stück Orangenschale
1 kleine Zimtstange
1 Flasche Korn

Alle Zutaten in ein großes Gefäß füllen. Zum Schluss den Korn aufgießen. Gut und dicht verschließen. 8 Wochen ruhen lassen. Abfiltern, in Flaschen gießen und gut verschließen.

Artischockenlikör

1 l Rotwein
100 g Artischockenblätter

Die Blätter am besten auf der Wäscheleine oder an einem sonnigen Platz an der Luft eine Woche trocknen lassen. Dann in kleine Teile schneiden, in ein Glas oder eine Flasche mit Schraubdeckel füllen, mit Rotwein übergießen und fest verschließen. Dunkel ca. eine Woche lagern, dabei täglich mindestens einmal das Gefäß ordentlich durchschütteln. Den Likör nach Ende der Woche mit einem Sieb filtern und in Flaschen abfüllen. Die Flaschen fest verschließen.

Aprikosenlikör

1,5 kg Aprikosen
6 Gewürznelken
1 Zimtstange
250 g Zucker
1 Flasche Weinbrand

Aprikosen waschen, entsteinen, halbieren und in einen Steintopf schichten. Gewürze und Zucker hinzufügen und mit Weinbrand übergießen. Mit schwerem Deckel oder Folie abdichten. 4 Wochen reifen lassen, dann abseihen und in Flaschen füllen. Fest und dicht verschließen.

Ingwerlikör

1 kg weiße Johannisbeeren
2 l Wasser
1 kg Zucker
200 g gestoßener Ingwer
2 l Weingeist (70%)

Johannisbeeren in 2 Liter Wasser mehrere Minuten kochen. Dabei ständig umrühren. Dann den Saft abseihen (am besten durch ein Tuch). Saft erneut aufkochen und Zucker hinzufügen. Abschäumen und erkalten lassen. Ingwer und Weingeist in verschließbare Flaschen füllen und mit dem erkalteten Fruchtzuckersud aufgießen. Verkorken und mindestens 14 Tage an einem sonnigen Platz reifen lassen. Dann filtern und in Flaschen füllen. Fest und dicht verschließen.

Anislikör

1 l Weinbrand
1 l Wasser
120 g Zucker
20 Tropfen Anisöl
1 Messerspitze Zimt
1 Messerspitze Nelken

Alle Zutaten in bauchige Flasche füllen und gut verschließen. 3 Tage an einem sonnigen, warmen Ort reifen lassen. Dann filtrieren und in Flaschen abfüllen. Fest und dicht verschließen.

Ananaslikör

1 Ananas
1 l Wasser
100 g Zucker
2 l Weinbrand

Ananas schälen, das Fruchtfleisch in Würfel schneiden und in einem Liter Wasser ca. 30 Minuten kochen. Etwas abkühlen lassen, Zucker und Weinbrand hinzufügen, alles verrühren und in ein großes, verschließbares Glasgefäß füllen. 3 Wochen an einem warmen, sonnigen Ort reifen lassen. Dann filtrieren und in Flaschen abfüllen. Fest und dicht verschließen.

Knickebeinlikör

1 l Honig

1 l Obstler

geriebene Schale von 2 Zitronen

5 g Ingwer

Zitronenschale fein abreiben. Den Honig im Kochtopf langsam erwärmen. Obstler, das Gewürz und die Zitronenschale dazugeben, dabei immer rühren. Kurz vor dem Aufkochen die Wärme reduzieren. Etwas abkühlen lassen und in Flaschen füllen. Fest und dicht verschließen.

Himbeerlikör

500 g Himbeeren

200 g Zucker

1 Vanilleschote

1/2 Zimtstange

1 Nelke

700 ml Himbeergeist

Himbeeren verlesen, waschen auf Küchenkrepp trocknen und in einem großen Schraubglas mit Zucker vorsichtig vermengen. Vanilleschote aufschlitzen und mit der Zimtstange und Nelke zu den Beeren geben. Alles mit Himbeergeist übergießen (als Alternative kann man auch Wodka verwenden) und ca. 5 bis 6 Wochen fest verschlossen reifen lassen. Dann filtrieren und in Flaschen abfüllen. Fest und dicht verschließen.

Nußlikör

60 grüne Walnüsse
2 l Weinbrand
1/4 l Kirschwasser
8 Nelken
1 Stückchen Zimtstange (ca. 3 cm)
500 g Kandiszucker
500 g feiner Zucker

Früchte waschen, mit Küchenkrepp trokkentupfen, in Viertel schneiden und in eine große, dickbäuchige Flasche geben. Alle übrigen Zutaten hinzufügen, fest verkorken und an einem warmen, sonnigen Platz 3 bis 4 Wochen reifen lassen. Zwischendurch mehrmals schütteln. Die braun gefärbte Flüssigkeit dann abseihen, Zucker hinzufügen. Sobald er sich völlig aufgelöst hat, den Likör in Flaschen abfüllen. Fest und dicht verschließen. Dieser Likör bekommt durch lange Lagerzeit eine besonders gute Qualität.

Brombeerlikör

200 g reife Brombeeren
150 g weißer Kandis
1 Zimtstange
1 l Korn

Brombeeren verlesen, waschen und auf Küchenkrepp trocknen. Mit Kandis und Zimtstange in Flaschen füllen und mit Korn auffüllen. Ca. 4 Wochen reifen lassen, dann abseihen, in Flaschen füllen und fest und dicht verkorken.

Kümmellikör

200 g Kümmel
10 g Sternanis
1 Messerspitze Zimt
750 g Zucker
2 l Korn

Kümmel, Sternanis und Zimt vermischen und mit Korn aufgießen. Alles in eine Flasche füllen. Einen Kochtopf mit kaltem Wasser füllen und die Flasche hineinstellen. Das Wasser ganz langsam erwärmen, zum Kochen bringen und 1/2 Stunde köcheln. Nun abkühlen lassen und den Zucker hinzufügen. Alles ordentlich schütteln! Über Nacht reifen lassen, dann abseihen, in Flaschen füllen und fest und dicht verkorken.

Cassis

1 kg Schwarze Johannisbeeren
1 l Weinbrand
1 Vanilleschote
1 Stückchen Ingwer
500 g Kandiszucker

Johannisbeeren waschen und abtropfen lassen. Mit den Gewürzen in ein Gefäß oder eine Flasche füllen, Zucker hinzufügen und alles mit Weinbrand aufgießen. Dicht und fest abschließen und im Dunkeln lagern. Nach 14 Tagen abseihen, in Flaschen füllen, fest verschließen und kühl und dunkel lagern.

Kaffeelikör

100 g gemahlener Kaffee

1 l Wasser

200 g Zucker

1 Vanilleschote

1 l Weingeist 90% (aus der Apotheke)

1/2 l Wasser zum Kochen bringen, gemahlenen Kaffee in eine Kaffeekanne geben und mit kochendem Wasser überbrühen. 15 Minuten ziehen lassen. Vanilleschote aufschneiden, halbieren und das Mark lösen. 1/2 l Wasser mit dem Zucker und dem Vanillemark in einen Topf geben und aufkochen. Leicht abkühlen lassen und zusammen mit dem Kaffee, Kaffeesatz, der Vanillezuckerlösung und dem Weingeist in einem Topf mischen. Alles abkühlen lassen, dann abseihen und in Flaschen füllen, verschließen oder verkorken und 3 Wochen kühl lagern.

Magenlikör

1 TL Anissamen

2 TL Fenchelsamen

2 TL Korianderkörner

2 EL getrocknete Schwarze Johannisbeeren

2 EL getrocknete Heidelbeeren

3 EL Rosinen

12 g Gewürznelken

3 Walnußkerne

200 g brauner Kandis

2 l Obstler

Alle Zutaten in ein großes, bauchiges Gefäß oder eine Flasche füllen und fest verschließen. Ca. 6 Wochen an einem warmen Ort reifen lassen. Abseihen und in Flaschen oder Karaffen füllen und dicht verschließen. Ein Gläschen von diesem Magenlikör nach einer üppigen Mahlzeit kann Wunder vollbringen.

Kleiner Tip: Die Gewürze stellt ihnen auch gerne Ihr Apotheker zusammen.

Pfefferminzlikör

20 g frische Pfefferminzblätter
750 ml Doppelkorn (38%)
180 ml Zuckersirup
2 kleine Stückchen kristallisiertes Menthol (gibt's in der Apotheke)

Frische Minzeblätter in einem verschlossenen Glas mit dem Korn und dem Menthol eine Woche reifen lassen. Dann abseihen und mit Zuckersirup auffüllen. In Flaschen füllen, fest verschließen oder verkorken.

Orangenlikör

1 kg Kandiszucker
3/4 l Wasser
5 unbehandelte Orangen
1 Zitrone
3/4 l Weingeist (90%, in der Apotheke erhältlich)

Kandiszucker zerkleinern, in einem Topf mit dem Wasser erhitzen, auflösen und abkühlen lassen. Orangen und Zitrone abreiben und den Saft auspressen. Schalen und Saft mit dem Weingeist in die Zuckerlösung geben. Alles in eine Flasche füllen, gut verkorken und an einem warmen Ort reifen lassen. Täglich einmal kräftig durchschütteln. Nach 3 Wochen abseihen und in Flaschen füllen, fest verschließen oder verkorken. Nochmals mindestens ca. 3 Wochen reifen lassen.

Zimtlikör

2 Zimtstangen
200 g Zucker
1 l Wodka (mindestens 37,5%)

1 Zimtstange leicht zerdrücken. Zimtstangen mit Zucker in eine dickbäuchige Flasche geben und mit dem Alkohol übergießen. Fest verschließen und für 6 Wochen an einen warmen, aber nicht sonnigen Ort stellen. Dann abseihen, in Flaschen füllen, fest verkorken und 2 Monate ruhen lassen.

Curaçao

150 g Orangenschalen
2 l Franzbranntwein (in der Apotheke oder im Reformhaus erhältlich)
200 g gelber Kandiszucker

Orangen schälen und die Schalen einige Zeit in Wasser legen. Dann den weißen Belag von den Schalen abkratzen. Schalen in kleine Stücke schneiden, in ein großes Gefäß füllen, mit Franzbranntwein auffüllen, verkorken oder verschließen. 4 Wochen reifen lassen, zwischendurch immer wieder mal schütteln. Dann abseihen, die Orangenschalen auspressen und den Saft wieder dem Franzbranntwein zufügen. Alles wieder mit Kandis in Flaschen füllen und fest verschließen. Täglich schütteln, bis sich der Kandis gelöst hat. Nun ist der Likör fertig; er sollte kühl gelagert werden.

Der Rumtopf – die Krönung der einelegten Früchte !

In den Rumtopf gehören jeweils 500 g reife, tadellose Früchte der Saison, dazu für die ersten drei Fruchteinlagen jeweils 500 g Zucker, für die weiteren Einlagen jeweils 250 g Zucker. Nach jeder Fruchteinlage muß ca. 1/4 bis 1/2 Liter Rum (54%iger) aufgegossen werden. Immer die gleiche Sorte verwenden. 4 Wochen nach jeweils der letzten Fruchtzugabe nochmals Rum aufgießen. Es dauert etwa 6 Wochen, bis eine Lage »reif« ist.

Die Erdbeer-Saison eröffnet die Rumtopfzubereitung. Der Rumtopf »wächst“ über den ganzen Sommer.
Die Erdbeeren – wie auch alle anderen Früchte – müssen geputzt, gewaschen und getrocknet werden (damit kein Wasser in den Topf gerät). Verwendet werden dürfen nur einwandfreie, reife Früchte: Sie sollen noch fest sein und keine Druckstellen aufweisen.

Für den ersten Ansatz : 500 g reife, aber unbeschädigte Früchte waschen und auf Küchenkrepp abtrocknen lassen. Danach Stiele und Kelchblätter entfernen und halbieren. 500 g Zucker darüber streuen und einen halben Liter 54%igen Rum aufgießen. Gut verschließen und an einem kühlen, dunklen Ort aufbewahren.
Mit den Früchten, die erst später reif sind, genauso vorgehen.

Das Gefäß muss stets blitzsauber sein. Am besten eignet sich ein mindestens 5 Liter fassender Rumtopf aus Steingut oder Keramik mit schwerem Deckel. Wenn kein Deckel vorhanden ist, dann mit einem Teller abdecken oder mit Folie verschließen. Im Steinguttopf können die Früchte auch gleich mit dem Zucker angesetzt werden.

Der kräftige Schuss: Hochprozentiger Rum (unbedingt den 54%igen nehmen) bringt Haltbarkeit und veredelt das Gesamtprodukt. Die Marke ist egal, aber bitte keinen billigen Fusel kaufen. Unbedingt darauf achten, daß die Früchte immer gut bedeckt sind.

Rumtopf-Früchte-Kalender

Juni:	Erdbeeren, Kirschen, Pfirsiche
Juli:	Aprikosen, Pfirsiche, Brombeeren, Erdbeeren, Himbeeren, Johannisbeeren, Pfirsiche, Nektarinen, Süßkischen, Schattenmorellen, Stachelbeeren, Heidelbeeren, Mirabellen, Pflaumen
August:	Aprikosen, Pfirsiche, Brombeeren, Himbeeren, Johannisbeeren, Sauerkirschen, Schattenmorellen, Heidelbeeren, Brombeeren, Pflaumen, Zwetschgen
September:	Pflaumen, Zwetschgen, Johannisbeeren
Oktober:	Birnen

Aprikosen und Pfirsiche häuten, entsteinen und in Stücke schneiden.
Birnen vom Kerngehäuse befreien.
Pflaumen, Kirschen und Zwetschgen können entsteint werden, müssen aber nicht. Wenn man sie nicht entsteint, sollte man sie etwas einstechen.
Beerenfrüchte im Ganzen zufügen.
Wenn man mal eine Obstsorte verpassen sollte, kann man diese problemlos durch Tiefkühlfrüchte ersetzen.

Traditionell wird der Rumtopf am Ersten Advent »angestochen“.

Glossar

Abschäumen
Entfernen des Schaums nach dem ersten Aufkochen von Marmeladen und Gelees.
Abschmecken
Nennt man das Kosten und Nachwürzen von Speisen, nicht nur mit Salz, Pfeffer und Gewürzen. Es kann auch Cognac, Sherry, Wein oder Zitrone sein. So mancher Koch ist bereits nur vom Abschmecken satt geworden!
Abseihen
Abseihen ist das Abgießen einer Flüssigkeit durch ein Sieb. Hierbei wird verhindert, daß gröbere Lebensmittel oder Gewürze mit in den Sud gelangen. Bei manchen Rezepten, z.B. Likören, müssen die angesetzten Kräuter oder Früchte durch ein Tuch geseiht werden. Hier eignet sich eine Baumwollwindel. Wenn man diese nicht zur Hand hat, kann man auch Kaffeefilter verwenden.
Agar-Agar
Agar-Agar ist ein pflanzliches Geliermittel und wird aus Meeresalgen gewonnen. Es kann in der vegetarischen Küche anstelle von tierischer Gelatine für Aspik, Gelee, Marmeladen, Süßwaren und Sülzen verwendet werden. Agar-Agar wird in Reformhäusern in Pulverform angeboten, 1 TL (5 g) reicht für ca. 0,7 l Flüssigkeit.
Ansäuern
Mit Zitronensaft oder Essig würzen bzw. beträufeln.
Blanchieren
»blanchir«, französisch für »abbrühen«. Obst oder Gemüse kurz in kochendes Wasser tauchen, um
– es leichter schälen zu können
– bestimmten Gemüsearten die Schärfe zu nehmen
– z.B. Kohl und Kraut leichter verträglich zu machen, Keime abzutöten.
Angelika/Engelwurz
Angelika (Engelwurz), Doldengewächs, Heil- und Aromapflanze. Das ätherische Öl der Wurzel wird zum Würzen von Likören und Branntweinen verwendet. Die kandierten dicken Blattstiele dienen als Dekoration von Süßspeisen.

Chinaessig
Beliebter Essig aus der asiatischen Küche, der aus Reis, Weizen und Hirse hergestellt wird.

Dill
Die Spitzen der Blätter werden als Gewürz verwendet, z.B. frisch für Salate oder getrocknet zum Einmachen von Gurken oder für Saucen.

Dünsten
Gemüse, Obst usw. in etwas Wasser und im eigenen Saft zugedeckt bei schwacher Hitze garen.

Einmachhilfe
Die Sorbinsäure verhindert Schimmelbildung und Gärung.
Einmachzucker (nicht zu verwechseln mit Gelierzucker!) ist etwas gröber kristallisiert als Raffinade (Haushaltszucker). Dadurch löst er sich langsamer auf und reduziert beim Einkochen von Kompotten oder Konfitüren die Schaumbildung. Einmachzucker ist aufgrund seiner gleichmäßig großen Kristalle ideal zum Einkochen.

Essigessenz
Essigessenz ist mit Wasser verdünnte, synthetisch hergestellte Essigsäure. Für den Gebrauch in der Küche muß Essigessenz stark verdünnt werden. Essigessenz riecht stechend und ist stark ätzend, sie ist deshalb mit großer Vorsicht zu verwenden.
Vor Kindern sicher aufbewahren!

Estragon
Gewürz mit einem angenehmen, herben Geschmack, der ein wenig an Anis erinnert. Estragonkraut kann frisch oder getrocknet z.B. zum Einmachen verwendet werden. Estragonzweige, in Essig einlegt, ergeben nach einigen Wochen den aromatischen Estragonessig.

Gelee
Fleisch- oder Fruchtsaft, der mit aufgelöster Gelatine bzw. Gelierzucker verfestigt wurde.

Gelfix
Für extreme Süßschnäbel! Ein Beutel = 20 g in Verbindung mit 1150 g Haushaltszukker lassen aus 1000 g Früchten eine besonders süße Marmelade entstehen.

Gelfix 2+1
Sorgt für weniger Süße, macht die Marmelade fruchtiger im Geschmack. 25 g (ein Beutel) sind ausreichend für 1250 g Früchte und 500 g Zucker.

Gelfix leicht
Ist die Diätversion. 25 g (ein Beutel) reichen für 1000 g Früchte und 250 g Fruchtzukker.

Gelieren
Verfestigen von Flüssigkeiten mit Hilfe von Gelatine oder Gelierzucker.

Geliermittel
Geliermittel gehören zu den kennzeichnungspflichtigen Lebensmittelzusatzstoffen. Sie überführen wäßrige Lebensmittel in einen festen Zustand. Nicht zu verwechseln mit Verdickungsmitteln, da diese Lebensmittel zähflüssig machen, aber nicht verfestigen.

Gelierprobe
Test beim Einkochen. Gibt man z.B. einen Löffel gekochter Marmelade auf einen Teller, muß sie ein Häutchen bilden.

Gelierzucker
Besteht zum Großteil aus Raffinade und enthält Apfelpektin sowie Zitronen- oder Weinsäure. Er süßt und geliert zugleich und ist in der Einmachsaison heiß begehrt.

Gelierzucker 1plus1
Gelierzucker enthält neben Zucker Fruchtpektin und Zitronensäure. Er gibt Marmeladen, Konfitüren und Gelees volles Aroma, perfekte Süße und lange Haltbarkeit ohne Konservierungsstoffe. Dazu zeichnet er sich durch seine kurzen Kochzeiten aus - Gelierzucker 1plus1 süßt und geliert zugleich.
Der traditionelle Gelierzucker im 1 kg-Paket wird im Mischungsverhältnis von 1 kg Gelierzucker zu 1 kg Obst verwendet.

Gelierzucker 2plus1
Gelierzucker 2plus1 für fruchtige Brotaufstriche wird im Verhältnis 2:1 verwendet: 2 Teile Frucht werden mit 1 Teil Zucker verkocht. Er enthält neben Zucker, Fruchtpektin und Zitronensäure den Konservierungsstoff Sorbinsäure.
Gelierzucker 2plus1 im 500 g-Paket wird

im Mischungsverhältnis von 500 g Gelierzucker zu 1 kg Obst verwendet.

Gelierzucker 3plus1

Gelierzucker 3plus1 für fruchthaltige Brotaufstriche; enthält neben Zucker als Geliermittel Pektine, Zitronensäure und den Konservierungsstoff Sorbinsäure.

Gelierzucker 3plus1 im 500 g-Päckchen wird im Verhältnis 3:1 verwendet, das heißt drei Teile Frucht werden mit einem Teil Gelierzucker 3plus1 verkocht.

Konfitüre

Fruchtzubereitungen mit relativ hohem Zuckeranteil z.B. für Brotaufstriche oder zum Einrühren in Joghurt oder Quark.

Konservieren

Es gibt die unterschiedlichsten Verfahren zur Haltbarmachung von Lebensmitteln. Man unterscheidet:

Physikalische Verfahren:

- Kühlen und Gefrieren
- Konservierung durch Hitze wie Einmachen (z.B. Obst), Pasteurisieren, Sterilisieren, Wasserentzug (z.B. Dörrobst, Dörrfisch), Bestrahlung mit Elektronen-, Gamma-, Röntgen- oder UV-Strahlen (z.B. Gewürze).

Mikrobiologische und enzymatische Verfahren wie Milchsäuregärung (z.B. Sauerkraut) oder alkoholische Gärung (z.B. Wein).

Chemische Verfahren:

- Zuckern, Salzen, Pökeln (z.B. Fleisch)
- Packgase, die Sauerstoff verdrängen oder auch Räucherrauch, Säuerungsmittel wie Essigsäure und Milchsäure, die das Wachstum von Mikroorganismen verhindern.
- Chemische Konservierungsmittel, die gezielt die Mikroorganismen schädigen
- Antioxidationsmittel

Konservierungsmittel

Konservierungsmittel gehören zu den kennzeichnungspflichtigen Lebensmittelzusatzstoffen. Sie verhindern bzw. verzögern, daß Mikroorganismen Lebensmittel zersetzten.

Madrascurry

Currysorte; Sorten mit dem Zusatz »Madras« sind in der Regel schärfer als sogenannter »indischer« oder »englischer« Curry. Curry gibt es in jedem Lebensmittelgeschäft oder in Asia-Läden.

Maraschino

Aus Italien stammt dieser wohl bekannteste Kirschlikör, der durch seinen leichten Geschmack nach Bittermandeln ein unverwechselbares Aroma aufweist. Neben der Verwendung in Mixgetränken aller Art wird der Maraschino auch gerne »on the rocks« gereicht.

Öl

Öle sind flüssige Fette. Für den menschlichen Körper sind solche »Schmiermittel« lebensnotwendig.

Pflanzliche Öle werden z.B. aus Oliven, Maiskernen, Sonnenblumen, Lein oder Raps gewonnen.

Spezielle Öle wie z.B. Bittermandelöl werden wegen ihrer geschmacklichen Besonderheiten zum Backen verwendet oder geben Gerichten eine besondere Note.

Olivenöl

Pflanzliches, aus Oliven gepreßtes Öl, welches in verschiedenen Qualitäten erhältlich ist. Je geringer die Säureanteile, desto höher die Qualität.

Bei italienischen Sorten »extra vergine« handelt es sich um naturreine, kaltgepreßte Olivenöle, deren Säurekonzentration nicht mehr als 1% betragen darf.

Zum Einlegen sollte man nur hochwertiges Öl verwenden.

Opekta flüssig

ist laut Hersteller das einzig flüssige Geliermittel auf dem Markt. Auf eine halbe Flasche (225 g) braucht man 1500 g Früchte und 2000 g Zucker.

Pektine

Gelier- und Bindemittel, wie sie z.B. in Gelierzucker enthalten sind. Man gewinnt Pektine aus den Zellwänden von Obst, insbesondere von Äpfeln oder Zitronen.

Sonnenblumenöl

Pflanzliches Öl, gewonnen aus Sonnenblumenkernen.

Zitronensäure

Das Pulver unterstützt die Gelierung und erhält die frische Farbe der Früchte.

Register